鳥取力

新型コロナに挑む小さな県の奮闘

平井伸治
鳥取県知事

724
中公新書ラクレ

まえがき

「幸せのかたち」が変わってきた。

命と健康が大切。自然を感じて。周囲の人との絆。ゆったりと流れる時。何もたくさんのお金を稼げば幸せというわけじゃない。追いまくられる人生でいいのか。

ここ十年ほど、そのことを実感する。

その契機になったのは、二〇一一年の東日本大震災であり、二〇二〇年に世界を大混乱に陥れた新型コロナウイルス感染症である。

それ以前は、鳥取県は中国地方の片田舎としか認識されていなくて、企業に鳥取県での事業所開設はどうかと私自身がトップセールスに行っても、苦笑いされたり、鼻であしらわれるのがオチだった。高速道路の整備率が全国最下位クラス、なぜそんな不便なところで操業しなければならないのか、大体人口も少ないし、という反応ばかりだった。

しかし大震災と新型コロナウイルス感染拡大によって、明らかに時代の空気が変わった。価値観が変わったのではないかと思うのだ。

まず、鳥取のことを、羨《うらや》ましいと本気で思ってもらえるようになった。鳥取には、東京や大阪とは違った時間が流れているからだ。

首都圏や京阪神など大都会ならば、朝、満員電車に揺られながら、やっと会社にたどり着く頃にはくたびれ果ててしまう。仕事によるストレスはお酒やカラオケ、スポーツジムだけでは発散できない。

鳥取は違う。通勤時間は全国で最も短いレベルであるから、ストレスも少なく、仕事をスムーズに始められる。休みの日に遊びに行こうと思えば、近くに素晴らしい温泉地がある。子どもたちも思いっきり遊べる、緑いっぱいの自然もある。また、人の絆も深いし温かい。

そういう暮らしこそ、人生が、あるいは子育てが豊かになる、そう思う人たちが増えてきているのである。

二〇〇七年に、鳥取県の人口が六十万人を切り、県内ではショッキングな出来事として受け止められ、以来、人口減少を食い止め、移住者を増やす取り組みをしてきた。最初は苦戦したが、東日本大震災後からは、移住者が年々増加、二〇一九年度には二千百六十九名を数え、過去最多を記録した。計画の上方修正ばかり続く勢いとなった。

企業の誘致実現も見られ始めた。全国最下位争いを演じていた高速道路の整備率が、知事就任後倍以上に急上昇したこともあるのだろう。複数の企業が鳥取県進出を決めたほか、本社機能の一部を動かそうという会社もようやく出てきた。

新型コロナウイルスの感染が拡大したことで、働くスタイルも変わった。移動を控え、直接会う機会を減らす「自粛」の中で、リモートワークが普及した。それによって、必ずしも都心や大都市圏に生活の拠点を置かなくても仕事ができるという体験的理解が広がった。もちろん対面でなければできない仕事もあるが、大部分をリモートワークでできる仕事ならば、環境のいい場所がいい。必要なときだけ出社して、それ以外は地方で生活を楽しみながら仕事をすればいい。企業がオフィスを縮小しつつあるのも、その動きを後押しする。

だからだろう。ワーケーションや副業の地として選ばれるようになった。観光を兼ねて鳥取を訪れ、その間に仕事をする。仕事もほっこり。鳥取は温泉もあるので、最近は、「お湯湧（ワ）ーケーション」とアピールしている。

パラダイムシフトが起きると、これまで気づかなかったものが輝いて見えてくる。

一例を示せば、星空である。星空がきれいに見えるのは、その地域が暗いから。つまりこれまでは大きな商業施設がない田舎という捉え方しかなかったが、暗いことで逆に星がきれいだという貴重な資源をもたらしていることがわかってきた。鳥取県では「星取県」宣言をして、星がきれいに見えることをアピールしている。

「ない」からこそ、とんでもない「価値」が生まれてくる。面白いじゃないか。

何もないと思われている鳥取県こそ、価値観が逆転すればこうした「宝」探しもできよう。

新しい価値を次々とブランド化してアピールしようと考えている。

五年前に上梓した前著『小さくても勝てる』（中公新書ラクレ）では、日本一人口の少ない県だけれども、だからこそ果たしてきたチャレンジについて紹介した。

その後も、地方創生、福祉や子育てなど、国の指示や世間の先入観にとらわれず、小回りを利かせて独自の挑戦を続けている。小さい県だからこそ、住民目線と現場主義が身上だ。

新型コロナウイルス感染症に関しても、鳥取県は日本一少ない人口だからこそ、県民一人ひとりの命と健康を守ろうと、本気で闘いを挑んでいる。常識外にＰＣＲ検査を多用し、感染ルートを突き止め、見つかった陽性者はすべて病院のベッドで治療に入る。クラスター対策が鍵とにらんで、独自のクラスター対策条例を制定し、早期の封じ込めに全力をあげ、人権保護も規定した。すべて当たり前のことを、当たり前にしている。

鳥取県が感染者の数が抑えられているのは人口が少ないからだ、と仰る向きの方もおられるが、とんだ見当違いだ。それだけ真剣に命と健康を守る準備を重ね、感染拡大を食い止めようと、県民も、医療界も、事業者も、みんなが協力してきた。私自身も、保健所や市町村長・県の職員とともに、休みなく働いてきた。くたくただけど、それで助かる命があればいい。

全国に先駆けて行ったことはたくさんある。小さな県の挑戦で、日本の地方自治が変わればいい、などと覚めぬ夢を見ている。

このコロナ禍はどこまで広がるのか、いつまで続くのか、まだ誰も予想ができない。しかし「災い転じて福となす」と念じて前へ進みたい。

大事なのは、常に現場を見て、発想の転換をして、いまだ姿がおぼつかない未来を構想することだ。そして、今目の前にある課題に果敢に挑むことだ。巨人であれば力は強いかもしれないが、小人が触れることができる小さな金貨を拾うことはできないだろう。未来は、常識に反して、力に勝る巨人よりも先に、小さくとも真面目な小人に微笑むかもしれない。

「小さいこと」の強みは、やろうと決めたらすぐ動けることだ。『ゾウの時間　ネズミの時間』（中公新書）という本川達雄先生が書かれた名著がある。心臓の鼓動の速さというのは、生物の大きさに比例しているというわけだ。心臓の鼓動の一生涯の総数は小さな哺乳類でも大きな哺乳類でも実は同じだという。大きな動物はそれだけゆっくり生きているわけだが、小さな動物は心臓の鼓動が速くさっさと動く。時間軸が違うのだ。

社会だって、多分同様の原理が働くのではないか。組織が大きいと、何年も時間をかけてようやく計画づくりから、となりがちだ。しかし鳥取県のように小さな組織であれば、話をまとめようと思ったら早い。何人かポイントになる人が了解すれば実質上決まる。そしてすぐさま動き出す。スピード感では負けない。「スケールメリット」より「スモールメリット」だ。小さいことで、利を得る力が生まれると考えたい。

「リトル（Little）で利取る」

人口最少の鳥取県は、確かに世間から見れば、まだまだ発展途上。下手すりゃジリ貧。

でも、小さな県ですけど、それが何か……？

小回りこそが勝負を決める。ネズミの時間で挑戦してやる。

そんなささやかな「意地」に、お付き合いください。

二〇二一年二月十二日

鳥取県知事
平井伸治

目次

本文ＤＴＰ／今井明子

鳥取力

新型コロナに挑む小さな県の奮闘

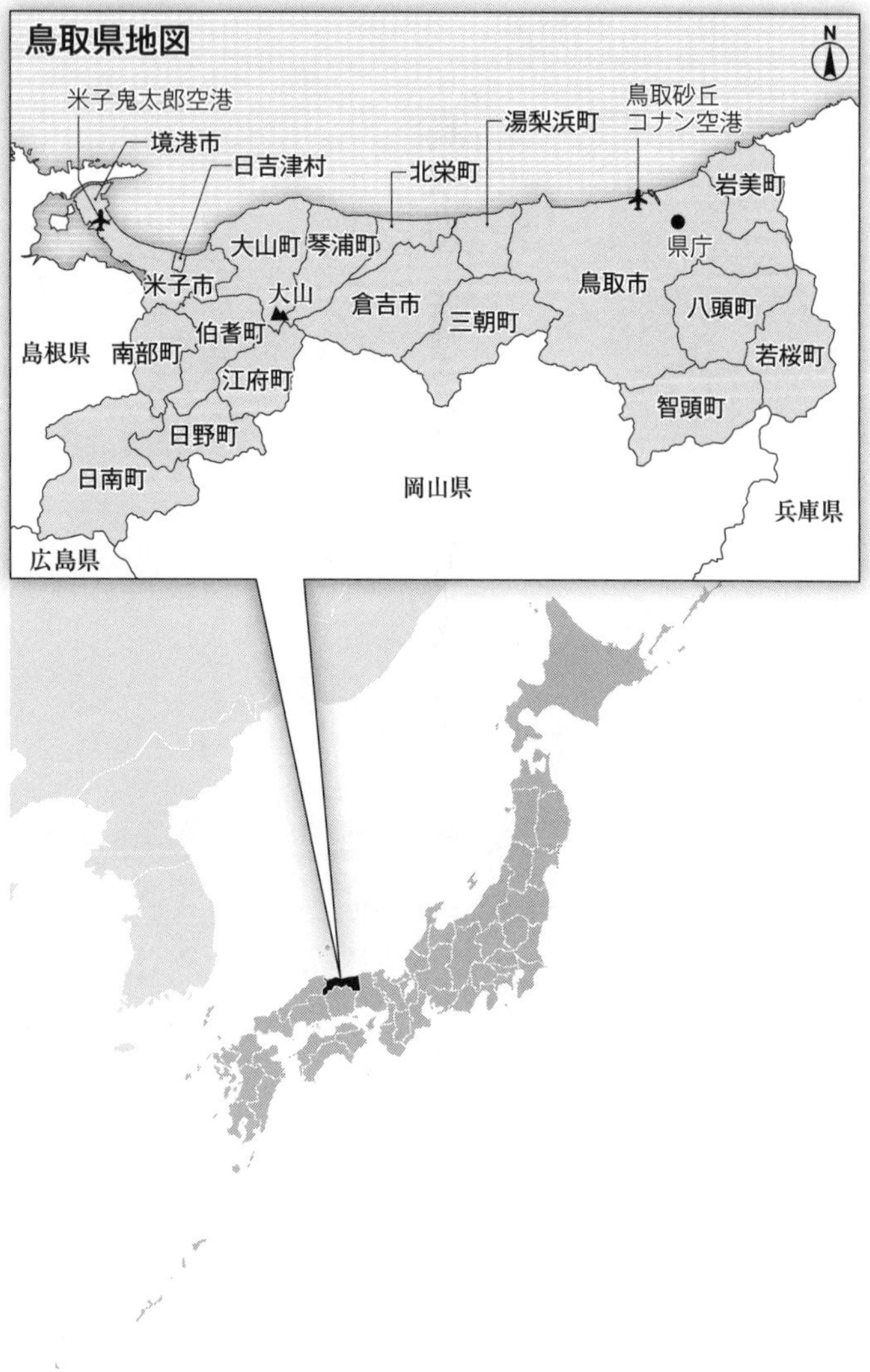
鳥取県地図
N
米子鬼太郎空港
境港市
日吉津村
北栄町
湯梨浜町
鳥取砂丘
コナン空港
岩美町
県庁
大山町
琴浦町
米子市
大山
倉吉市
三朝町
鳥取市
八頭町
若桜町
島根県
南部町
伯耆町
江府町
智頭町
日野町
日南町
岡山県
兵庫県
広島県

第一章　新型コロナと闘え

寒さ募る中国の武漢市。エビを売って生計を立てていた五十代の女性が、発熱を訴え医療機関を受診したのは、二〇一九年十二月十日頃のこと。軽いせき症状があり、症状が悪化し一時入院するが、退院して仕事に戻っている。のちにその女性が新型コロナウイルス感染者第一号であることが、中国当局によって認定された。

同月末には、武漢市は原因不明の肺炎患者の存在を公表する。

年が明けて二〇二〇年一月十一日、武漢市が感染状況を明らかにする。感染者四十一人、死亡者一人。しかし当時はまだ、武漢の保健当局はこんな発表をしていた。

「限定的だが、ヒトからヒトに感染する可能性は排除できない」

「ただ、感染は地域で広がっておらず、ヒト・ヒト感染のリスクは比較的低い」

残念ながら、その報道は、今考えればあまりにも楽観的すぎるものだった。

そして、その頃には、もう感染者が日本に渡ってきていたのである。

昨年一月三日に武漢市で発熱した中国籍の三十代の男性が、六日に日本に帰国後、神奈川県内の医療機関を受診。入院などを経て、感染していたウイルスが新型コロナウイルスであることが判明した。日本初の新型コロナウイルスへの感染確認だった。一月十五日夜のことだ。ここ日本列島においても、悲劇の幕は、音もなく静かに上がった。

危機感からの新型コロナ対策

鳥取県は、一刻もおかずに、すぐさま対応を開始した。

初発陽性者の報道を受けて、直ちに担当部局に指示し、一月十六日から県庁に新型コロナウイルスの相談窓口を設置。五日後の二十一日には相談窓口は県内全保健所にも増設した。

同じ日、関係部局を集め、「新型コロナウイルス対策連絡会議」を開催し、体制を整えて、一月三十一日に「新型コロナウイルス感染症対策本部」を全庁横断組織として発足させた。

そして、二月四日、県内での陽性者発生を想定して、鳥取県と保健所設置市である鳥取市との合同による「新型コロナウイルス関連肺炎対応訓練」を実施するなど、急ぎ足で新型コロナウイルス対策のカードを次々と切っていったのである。

なぜ鳥取県は他地域に比較して異常なほどに初動が早かったのか。

そう問われることが多いのだが、答えは「危機感」だ。

その頃脳裏にあったのは、わが県は感染症に脆弱《ぜいじゃく》であるということだ。高齢化率が高く、病院の数も病床数も豊富とはいえない。感染症に詳しい専門医の数も残念ながら大都市と比べればとても少ない。感染症専門に充《あ》てられる病床も数えるほどしかなく、一月の時点でわずか十二床。

武漢のような修羅場がもし鳥取で起きてしまったら、多くの方々が苦しむに違いない。病院に入りきらず、廊下でもうめき声をあげる数えきれない患者。命の危険を冒しながら不眠不休で働く医療従事者が発するSOS。連日繰り返し伝えられる武漢の状況。恐らく重症化しやすい高齢者が多く、医療資源に乏しい鳥取県のようなところに襲い掛かったら……。そんな姿は想像したくなかった。

容赦なく襲いかかる感染症の魔の手は、映画ではなく現実のものだ。武漢市では感染者数の増加が止まらない。一月二十三日には、都市封鎖という見た記憶もない光景も。決して他人ごとではない。

潜在的なリスクは、小さい自治体、小さい県であればあるほど背負い込みやすく、深刻化しかねない。大きな自治体であれば医療などの包容力があるので、多少感染者が増えたところで持ちこたえられるだろう。しかし小さい県では、現実にはなかなかそれは難しい。だから、できるだけ早く手をうち、迎え撃たなければならなかった。

教訓もあった。

二〇〇九年にヒトからヒトへの感染が確認された「新型インフルエンザ」である。鳥取県知事に就任して二年後のことだった。五月十六日に国内初の新型インフルエンザ患者が兵庫県神戸市で確認されてから、あれよあれよという間に全国に感染が広がった。

新型インフルエンザは展開が早かった。六月十日、本県でもついに最初の患者が見つかり、PCR検査で確定。緊張感に包まれた。その後もポツリ、ポツリと患者さんが見つかる。関西方面との交流によると思われる感染経路を探る。マニュアルに従って、感染症病床への入院を手配し、丁寧に治療を施す。しかしながら、徐々にその見つかる頻度が高まり、「積極的疫学調査」と呼ばれる業務も増大していくこととなった。用意してあった病床も加速度的に埋まっていく。あのときも「濃厚接触者」という専門用語がメディアでも連日報道され、多くの人が競ってマスクを購入した。学校の休校、施設の臨時休業が相次いだ。

感染症というのはこういうものかと学んだ。人の動きによって各地へ拡散するのだが、流行地域でのウイルス密度が高まれば、越境して流行地域外への伝播密度も高まり、鳥取県でも、最初はポツリ、ポツリで患者対応をしていけても、ほどなく陽性者の数が急上昇するようになり、学校休校などが各地で頻発した。初期はわずかずつ県境を越えて入ってくるものの、ある時からは、堰《せき》を切ったように同時多発的に地域に襲い掛かる。

心底恐ろしいと戦慄《せんりつ》を覚えた。ただ、不幸中の幸いであろう。新型インフルエンザは弱毒性であったので、一般の診療所で治療してもらいながら、一般的なインフルエンザの治療法で自宅で療養していただけばよい、と判ってきた。ワクチン接種も他の国に比べて流行の早い段階で普及してきた。そうこうしているうちに、厚生労働省も「撃ち方やめ」の号令を出して、通常のインフルエンザの流行期に準じた感染症対策で差し支えないこととなった。感染症対策の難しさに追いまくられ始めた中での方向転換となり、「結果オーライ」ということになったのだが。

「今回の新型コロナウイルスも、足が速いかもしれない」

過去の経験による危機感から、一刻も早く体制を整えなければ、と考えたのだ。

県庁組織体制のみならず、鳥取県医師会に通い協力を要請し、鳥取県看護協会等とも新型コロナを迎え撃つ体制づくりに向け、意見交換を重ねた。オール鳥取の「ワンチーム」にならなければ。今度は弱毒性ではない。相手のウイルスは手ごわい。

ＰＣＲ検査ができる環境を早急に整える必要がある。感染症対策は陽性者を判定することからすべてが始まるため、検査体制は感染症対策の要となる。新型インフルエンザのときの教訓から、それまでの検査能力では流行が始まり検体数が増えると追いつかなくなると考えられたことから、本県の衛生環境研究所は一日に百二十検体を処理できる能力まで高めていた。そのため他県と比べると人口当たりの処理能力は極めて高かった。それを活用すれば不足することはないが、万一のことを案ずる現場の声にしたがって、ＰＣＲ検査能力を増強することとした。検査機を購入しようとしてもすぐには入手できないため、知恵を出して、取り急ぎ、畜産用に使っていた六十検体分を衛生環境研究所に持ち込み、別途検査機を注文することにした。更に、協力を要請した鳥取大学に新たに県で整備する十六検体を含めると、春には一日に百九十六検体に対応できるようになったのだ。畜産用というと、首をかしげるかも知れないが、検査の仕組みは人間も家畜も実は同じなので、まったく問題なく検査できるというわけだ。貧者の知恵である。

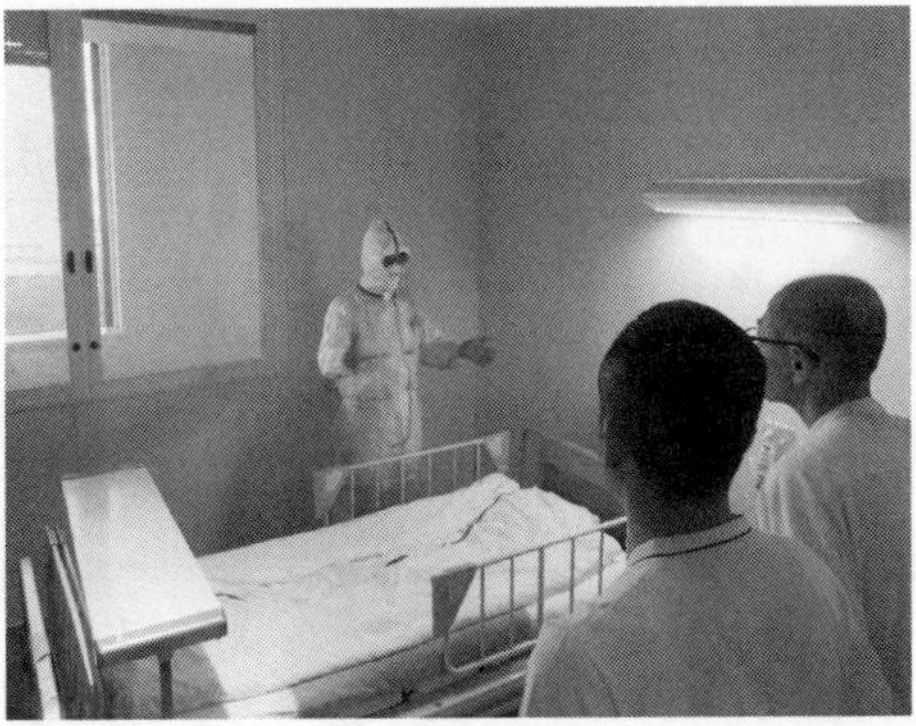
感染症病床準備を激励（防護服が筆者）

さらに現在では、民間医療機関等でも検査を行うことができるように促進策を進めた結果、一日四千九百検体を検査可能となっており、もちろん人口当たりで全国トップの能力を有している。

これより本章では、昨年の新型コロナ第一波・第二波との闘いまでを中心に、記すこととする。

医療関係者と心ひとつに感染症病床も確保

感染症の病床に関しても、急ぎ受け入れ体制の充実を図った。そのために、県の担当部局が各病院と交渉し、諸条件を整えながら、一つ一つ病院と話をまとめていく。鳥取大学や鳥取県医師会なども協力していただいた。正直なところ根気のいる丁寧な話し合いを重ねないといけない。病院ごとにさまざまな事情がある。新型コロナ患者をひとたび抱え込むと、どうしても医療従事者や患者さんへの院内感染が懸念されるうえ、受診を控える患者さんの心情により、献身的に新型コロナ患者をケアする病院の経営が悪くなりかねない。話をまとめるためには、治療受け入れのためのスタッフの配置はもとより、院内感染を起こさないための研修や、ウイルスが外に漏れないための陰圧施設などの整備をはじめ、病院個々の事情に寄り添った対策を県としても講じなければならない。病院間の役割分担や連携の仕組みも不可欠で、専門の先生方の協力をいただいて、患者のトリアージシステムを構築し、受け入れるべき患者を適切に各病院に配分していく仕掛けも構築した。何せお金と手間がかかるのだが、ここを惜しんでは皆が力を合わせて患者を治療できる地域力は生まれない。今はお金や手間を惜しむより命を惜しむ時だ。

院内に感染症に対応できる病床を確保するためには、内部の改造などが必要になり、費用もかかるため、資金的な支援をすることも約束した。重症患者の命を守るためにはＥＣＭＯ《エクモ》が有効だとわかってきた。早速病院と交渉してＥＣＭＯを追加配置することとしたが、これを運用できる医療人材が必要だ。兵庫県の豊岡病院小林誠《まこと》人先生にもお願いするなど、早速研修して育成を図る。地方では専門人材はどうしてもネックになりやすい。

こうした努力の成果として、最初十二床しかなかった新型コロナ患者受け入れ病床は、昨年二月末には百五十三床に増やすことができた。この病床数は、どれぐらいの規模かというと、人口比でいうと東京都の十倍持っていた計算になる。人口当たりの病床数としては、突出して多い病床を確保した。その後も、三月末には、さらに百ほど増やして約二百五十床、四月には三百を超えた。このような経過をたどり、年をまたいだ今年初めには三百十三床確保しており、重症用病床も四十七床確保することができていた。さらに関係者の協力を得て、今は三百十七床利用できる。小さな県だけど、医療逼迫《ひっぱく》という最悪の事態を回避できるよう、背伸びしてでも体制を充実させなければならない。

　こうして医療体制をスピーディに築けたのは、県の植木健康医療局長の仕事ぶりもあったと思う。県政史上初の保健師を登用したことで、医療・保健関係者と呼吸を合わせることができたのかと思う。実は知事就任以来女性の管理職登用を進めていて、現在全体の二〇・九パーセントに達し、都道府県では東京を抜きぶっちぎり一位の女性登用率である。女性の登用については、部長級を増やすためには次長級を、次長級を増やすためには課長を、課長を増やすためには課長補佐を、と女性登用を段取りよく進めなければならないので、まさに十年がかりの女性進出となった。保健師だから、感染症対策に何が必要か、医療全般を見渡して、また保健所の実務を踏まえて、知識と経験を活かしてもらっている。また、農林水産部の中西次長や生活環境部の住田次長を、新型コロナ担当参事監やクラスター対策監に任用するなど、伝統的な役所人事の枠を壊しながら、年度途中であっても精力的に大切な仕事の方に回ってもらっている。職員の奮闘が小さな県の頑張りを支えてくれていることに、常に感謝している。

　昨年二月二十日、少しずつ全国で感染者が増えている頃だったが、鳥取県医師会をはじめ医療関係者らとの対策会議に私は乗り込んだ。その席上、次の二点を呼びかけた。

「これから医療体制をしっかり作らなければいけません。医師会のお力を」

「新型インフルエンザの時のように、院内感染対策を徹底しましょう」

ただ、新型コロナウイルスは新型インフルエンザウイルスと違って、不気味な特徴を有することも伝わってきていた。感染したが無症状の人も、感染力を持つことだ。実際に医院を経営しておられる皆さんには、不安がつきない。当然だろう。「うちに新型コロナの人をもってこないように全部県で食い止めてほしい」という率直な意見もあった。そこで私からは、

「いやだと言っても無症状で院内に入られるかも。だからこそ万全の態勢をとって院内感染を防いでいくべき。新型インフルエンザの時も、発熱外来として、感染防御をしながら医院で診た。もちろん県も協力を惜しみません」と提案した。

院内感染を防ぐためには防護装備は不可欠。県から医療機関に、新型インフルエンザ流行を機に備蓄していたほぼすべての約二十三万枚のマスクを緊急放出した。防護服や消毒液に関しても足りなくならないよう補充に力を入れた。お願いするだけでは駄目だと思い、私たちも医療機関を支える意思を行動で示したわけで、今から思えば、県側の全マスク提供という「捨て身」の姿勢に医師会の皆様も応えようと、信頼関係は否応なく強まったように思える。本当のところは、私が県医師会で、医師会幹部が当時入手困難で切望されたマスクにつ

いて、「県の備蓄から『必要量』はお出しします」と申し上げたのだが、言葉というのは難しいもので、あろうことか、知事が言ったからと全備蓄分を提供することにしたという。必要量を調べてその都度出していくつもりだったのだが、担当部局は手間をかけずに全部渡したとのこと。県医師会は驚かれたし喜ばれたが、私は県の備蓄が空になって内心青ざめた次第。

こうして、ベッド数を増やす方針についても医師会や病院関係者の協力が進むこととなった。

昨年秋には、インフルエンザと新型コロナの同時対応に備えて、一般の診療所等も含めて、新型コロナの検査等の対応をする「診療・検査医療機関」を募ることとなったものの、全国的には幅広い協力が得られ難かった。しかし、鳥取県ではこのような協力体制の上に粘り強くお願いした結果、万一診療所等で職員が発症したときの補償等を県で行うこととし、県内医療機関の九割が診療・検査医療機関となることになった。新型コロナ対応病床数も診療・検査医療機関数も、現在人口当たり全国一多い県となっている。

鳥取県独自に積極的ＰＣＲ検査へ戦略的に転換

鳥取県のやり方は現場主義。必要なことを決然とやることで、県民の「命と健康」を守る。勢い、国の方針とぶつかる場面もある。

例えばPCR検査。当初、国の方針は、PCR検査は武漢に滞在したことのある人等だけを対象にするとしていた。しかしその当時から、武漢からずいぶん離れた浙江省にまで感染者が拡大し始めていたのだ。武漢市関係者だけにPCR検査を限定する意味がないと考え、鳥取県では武漢以外の浙江省等の流行地域などを加えることとした。

また、国の指導では、PCR検査は一定の「症例」に合うかを基準に行うこととされていた。例えば、三十七・五度以上の発熱があり、かつ呼吸器症状を有する云々である。また、十五分以上陽性者と行動を共にした「濃厚接触者」が検査の対象となるなど、PCR検査は厳格に運用されてきた。実はこれは感染症実務の伝統的ルールでもある。

しかし、検査対象を限定しようとする基準を守ることよりも、陽性者を見つけ出すことの方が重要ではないか。無症状でも他の人に感染させる可能性があるのに、発熱がなければ検査しない取り扱いが有効なのだろうか。濃厚接触者の要件に当たらない接触者であっても、感染していた可能性はまったくないと本当に言えるのか。

素人《しろうと》考えと指弾されるのかもしれないが、こうした疑問が合理的にぬぐいきれない以上は、県民の「命と健康」を守るために、国の示す「症例」等を踏襲することよりも、検査をする必要がある方々を検査することの方が大切だろうと考えるに至った。

そこで、昨年二月七日に、鳥取県は独自のＰＣＲ検査基準を設けることとし、医師が必要と認める人には、症状があろうがなかろうが、武漢等に関連があろうがなかろうが、幅広くＰＣＲ検査を実施するという方針を打ち出した。さらには、二月十四日に、既に国内発生期に入ったのではないかと考え、海外渡航歴・県外訪問歴に関係なく、また症状の有無に関係なく、積極的にＰＣＲ検査を行う方針に改めた。

もちろん、県庁内でも抵抗があった。保健衛生行政の分野は、元来お役所に特徴的な中央から現場に至る上意下達的な体質が残る。特に厚生労働省から山のように送られてくる通知を懸命に読み込んで、そのとおりに忠実に行うことをたたき込まれてきた真面目な公務員たちである。現場の医療関係者にも、国が示した「症例」は権威あるもので、検査対象を広げたと県で呼びかけてもすぐにはそのとおりに進むわけではない。

厚労省など伝統的な専門家中心の考えは、私とは違っていた。ＰＣＲ検査をして、陽性者が万が一多数出た場合、病床が足りなくなってしまう。その調整を担当する保健所業務も混乱してしまう。だから検査はむやみに広げない。そういうロジックが支配的だった。このため、新型コロナ感染症が流行し始めた二月や三月頃、ＰＣＲ検査を多数行うと医療崩壊につながりかねない、陽性の出る可能性の高い一部ケースに重点化していくべき、という論調が、国全体の基準を受けて、メディアで再三流されていた。その背景にはそうしたドグマと言っていい根強い考え方があったのだ。

確かに、当時、大都市部では、ＰＣＲ検査に回す仕組みがうまく機能していないところがあったのだろう。例えば東京であれば二十三区に保健所が分かれていて、お互いに検査能力が融通されるわけではなく、都と区は行政主体が違うという壁もある。検査を受ける必要があっても受けられない、という深刻な実態も報道されていた。

でも、本来は行政主体の壁を乗り越えて協力し合ってでも、感染症と闘わなければならないのではないか。ウイルスがどこにいるか突き止める、それこそが感染症と闘う第一歩であるし、患者の命を守る当然の前提ではないか。大都市の都合で唱えられているドグマは、私たち地方の現場から見れば、ウイルスと闘うには的外れに思えた。

そこで鳥取県としては、勇気を持って、「積極的ＰＣＲ検査」へ戦略的に舵を切った。

こうした「積極的ＰＣＲ検査」を実施できるようにするためには、そのための検査能力や医療体制も用意する責任がある。前述のとおり、人口当たり全国トップの検査能力と病床数を確保しているからこそ、こういう戦略的な検査を展開できている。

県の担当部局にはおそらく厚労省の方針との板挟みで心労をかけたと思うが、厚労省などは本県のように検査能力を拡大し、入院先がないということにならないよう飛躍的に病床を増やしてきた状況は、想定していないのだろう。地域の実情に合わせながら、それぞれの地域でできる限り実効性のある感染症対策をやればよい。ＰＣＲ検査を積極的に実施できない一部の大都市部の流儀に、国が無理矢理他地域を合わさせる必要はない。「できないところに合わせる」という基本姿勢では、国全体の感染症対策の能力を下げてしまう。都道府県がそれぞれ個別にできるようにやらせてくれる環境をつくってくれればいいはずだ。

当時はそう思い詰めて積極的検査を行っていたが、今ではこうした鳥取県のようなやり方も国は認めるようになってきた。新型コロナウイルス感染症の序盤戦は、ＰＣＲ検査を絞ってやったほうがいいという論調が強く、鳥取県などはやや劣勢だったのだが、三月、四月になり、感染者数が増え、大都市などは十分検査に回せなくなり、検査を受けたくても受けられない人たちがたくさんいるという状況になると、メディアの論調が変わっていった。いつしか、私たちが考えていたことが支持される風が吹き始めた。

日本の感染症対策は、各地域に張り巡らされた「保健所」を拠点に展開される積極的疫学調査に特徴づけられよう。新型インフルエンザのときなど、感染した者の行動履歴を調査して、疫学的に感染経路を探り、感染がこれ以上広がらないようにする手法だ。

第一波の後、政府専門家会議の尾身茂先生をテレビ会議方式の全国知事会新型コロナ対策本部会議にお招きしたとき、「新型コロナには弱点がある。人から人への感染では八割の人が他の人に感染させないが、クラスターが発生することでこの病気は増えていく」という分析を述べられた。だから、陽性者を調べて遡ってどの経路で感染したかを割り出し、クラスターを把握することができれば、そこから広がる感染拡大を食い止めることができる。このいわゆる「クラスター対策」こそ日本独特の手法で有効だ、と先生は仰られた。

私は、これを丁寧にやるという王道を貫けないか、と今も考えている。これを徹底していけば、感染の広がりはミニマムにできるはずであり、ロックダウンに頼る以外の感染拡大を抑え込む道筋だ。感染は一人ひとりがつながった結果ミクロで起こっている。決してマクロで感染症が広がっているわけではないのだ。そのつながりを追いかけるのが効率的で効果的な手法なのだが、これは人手もかかるし積極的検査など経費もかかる。しかし、鳥取県ではまさにこの手法を徹底的に極めることで、ここまで抑え込んできたと自負している。

「早期検査」「早期入院」「早期治療」の鳥取方式

感染したのかも。そう考えられる状況になったら、その人にPCR検査を行うのみならず、陽性と判明すれば、速やかにその周囲の接触者に対し、濃厚接触者に限らず幅広く徹底的にPCR検査をして、とにかく早めに陽性者を見つける。そして、不幸にして感染しておられる方には即座に入院してもらい、回復できるようしっかりと医療的ケアをうけて、いずれは社会に復帰していただく。すなわち、「早期検査」「早期入院」「早期治療」を鳥取県の新型コロナ対策の基本戦略に据えることにした。いわば「鳥取方式」だ。

伝統的な議論、大都市の論理では積極的検査が医療逼迫を招くという主張があるものの、最初になすべき検査を遅らせたり絞ったりした場合、時間の経過とともに感染は拡大するのであるから、早期に積極的に検査する戦略をとった方が、結果的には陽性者の数を抑制することになり、ベッドは少なくてすむのではないか。感染者がほかの人に感染させる危険性は低くなるし、結果的に患者の数を減らせる。無症状の陽性者を入院させることは、一時的にはベッドが多めに必要になるとしても、感染拡大を抑え込める。

この新型コロナは恐ろしい病気で、無症状者や軽症者が多いことばかり注目されがちなのだが、実は一定の割合で中等症へ、更には重症へと進んでいく。油断させておいて、時に必ず牙をむく。だから、医療的ケアが欠かせないのだ。現に、インフルエンザよりも格段に重症化率や死亡率が高い。これは世界でもそうだし、日本も同様なのだが、大都市の実務の事情が優先して、自宅療養などが当たり前に思われ、必ず入院させる地方の手法が白い目で見られるというのは、本末転倒ではないだろうか。

第一波・第二波の頃でも、「軽症だということで自宅で療養していたが、突然亡くなりました」という類いのケースが、全国ニュースで報道されたりした。どうも全国の皆さんは、これを当然のことと受け止めておられる。しかし、現場で奔走する一人としてはっきりと申し上げれば、私はこの説明には嘘が混じっていると常々思っていた。新型コロナの患者さんも他の病気と一緒で、軽症から中等症へ、中等症から重症へ、そしてその後残念ながら死に至る事態も生じ得る、という経過を必ずたどるのである。典型的な病状では、肺の機能が徐々に悪化していき、ステージが段々と悪くなるということが少なくない。

つまり、このように報道されている軽症ですぐに命を落とすわけではなく、本当は中等症であったり重症であったりしたのを見逃したのか、軽症から病状が進行することをチェックできず、その患者の病状に即した治療をしなかった、ということの裏返しにほかならないのではないか。鳥取県ではそういう悲劇を許容するつもりは、毛頭ない。

この感染症は人によって重症化することがあるのが特徴だ。報道は陽性者と判明したときにその時の病状を伝えるので、当然無症状とか軽症としてニュースになるのだが、問題は見つかった後のフォローの方であろう。大都市などでは最初から入院の斡旋《あっせん》に手間取るようだが、鳥取県では即日又は翌日入院で対処できている。しかも感染者すべてだ。

基礎疾患がある場合には、合併症によって重症化するケースもある。鳥取県では陽性者全員に入院していただくという本来の感染症対策の基本を頑なに守っており、入院時に病院で肺の機能を示すＳｐＯ２（最大酸素飽和度）などのバイタルデータを測定し、ＣＴなどで画像診断等をして肺に炎症がみられるかをまず押さえる。入院のプロセスとして当然なことだし、患者の回復のために必須のことだ。

一方、電話などの聴き取りだけで、軽症ならとか、あるいは年齢がどうか、というメルクマールで入院させないというようなやり方が大都市中心にとられているが、本来は最初にバイタルデータを十分に調べていないわけで、リスクを抱えたまま陽性者が入院できないでいるとも言える。もちろん入院のキャパシティの問題があるので、医療崩壊を防ぐための措置であると理解するのだが、大都市の先生方が自分のところのやり方を正当化するあまり、折角基本に忠実に入院治療を貫徹している地方の感染症対策をやめさせろ、という論調すら喧

「早期検査」「早期入院」「早期治療」の鳥取方式

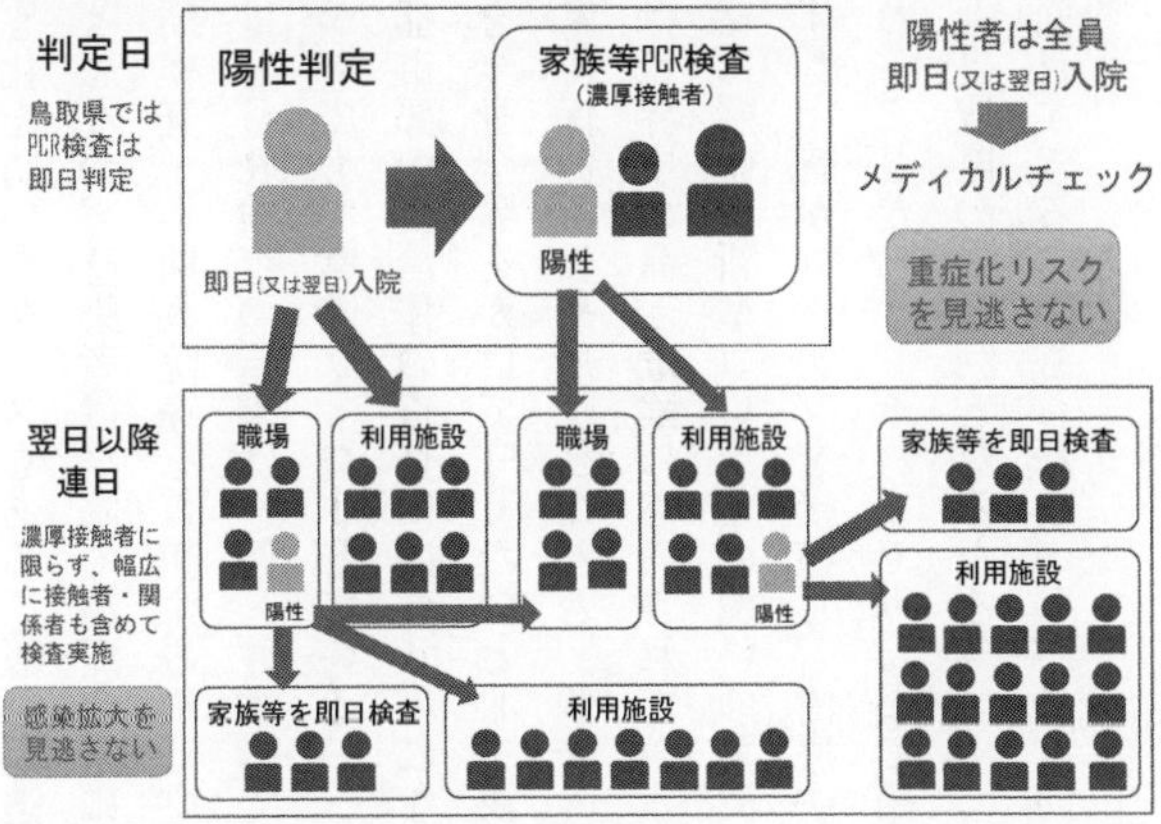

伝され、それを在京メディアがさも正しいことのように伝えるのは、日本全体で大切な命を軽んじているように思えてならなかった。命の扱いまで中央集権、東京一極集中にしてはいけない。地方にも同じように大切な命があるのだから。

　病院に入院していただけば、例えば肺の状況をこまめにモニタリングし、必要に応じアビガンやレムデシビル等の投与や酸素吸入などの治療を施し、しっかりと見守ることができる。病状悪化はサインが必ず出ているはずなので、それを見落とさないことが重要なのだ。例えば、鳥取県では肺の機能を表すSpO_2の値が低下するなど病状が不安定化した患者さんについて、適切な治療が可能な病院に転院していただき、病状悪化を防いだケースもある。医療逼迫を起こさない状況である限りは、病床数の問題もあると思うが、感染者は病院で治療を常に受けられる体制をとった方がよい。

早期検査・早期入院等を貫徹するには、各関係機関の連携を図ることが重要であり、鳥取県ではPCR検査の結果は一件一件すべて私にも届くし、日々の患者・陽性者の治療等の状況についても、常時フォローしている。

大都市部の自治体の首長には信じられないかもしれない。しかし、本気で県民の「命と健康」を全身全霊をかけて守りたいと心を決めているので、こういうデータをフォローしながら、常に保健所長や病院長などと、個々のケースについて方針を話し合っている。

今は世界中の命が危険にさらされている非常事態だ。何とか県民・医療機関・市町村などと一緒に懸命に新型コロナとの闘いの荒波を越えてゆく同じ船を漕ぐ。

いずれ、皆がワクチンを接種し、治療法が確立される日になれば、この厳しい旅はようやく終わることだろう。それまでみんなで船を漕ぎきることができれば、小さいけれど力を発揮した鳥取県の大勝利となるだろう。

真面目すぎるのかもしれないが、こういう小さな県の意地もあっていい。

新型コロナとの闘いは地域の総力戦だ

車で移動中に携帯が鳴った。

「知事、今よろしいですか。陽性が出ました」

ついに来たか。残念とか恐怖とかいうよりも、自らを奮い立たせる身震いを覚えた。

早速県の新型コロナ対策本部を開催すると県庁に伝え、鳥取市保健所を管轄する鳥取市長はじめ関係者と車中から連絡を取り始める。昨年四月十日のことだった。いつもと同じ町が違った色に見えた。鳥取県では幸い、昨年一月、二月、三月と一人の感染者も出さずに推移した。鳥取県と島根県と岩手県だけが、感染者ゼロの状態を長く続けていた。インターネット上では、「田舎選手権」などと揶揄《やゆ》されるなど、当時ネット民たちが盛り上がっていたようだ。前日には島根県でも初の陽性者が出ていたが、今日は鳥取県初の陽性だ。

その夜遅く、新型コロナ対策本部を開き、県民の皆様と関係職員に向けて呼びかけた。

「命と健康を守る闘いを、今日より始めなければならない。今日のために、われわれは準備してきたのです。先回りをして、新型コロナ患者のための病床を増やしてきたし、ＰＣＲ検査体制も充実させてきた。鳥取県にはこれを収めるだけの能力と自信があるはずです。一人の陽性者が出たけれども、これから一気に広がることがないように封じ込めていきましょう。

病院でしっかり治療して社会復帰していただく。そういうことをこれからみんなでやっていきましょう。ぜひ県庁を挙げて鳥取市を応援しながら、取り組んでいきましょう」

一月から三カ月くらい陽性者を出さずに頑張ったことから、その間に病床数を飛躍的に増やしてきたし、陽性者の濃厚接触者のみならずその他の接触者も幅広くローラー作戦で検査できるだけの検査体制も大幅に拡大してきた。いわば迎え撃つ準備を尽くしてきたわけだから、感染拡大を封じ込めるように、堂々と迎え撃っていこう。患者さんの回復に全力を挙げよう。これまでの成果を示すときだ。

鳥取市が中核市になるにあたり、県からの人材提供も含めて支援を行い、鳥取市保健所が発足してまもない時期だった。かつて県庁で仕事をともにしてきた仲間も含め、早期に感染拡大を阻止するためには、県から鳥取市への応援も惜しまずにすることとした。県の職員を一日に四十人のペースで鳥取市保健所に送り込み、体制補強を行うことも本部会議で決定した。県の衛生環境研究所で、多くの検体を処理する準備も整えた。

このように、都道府県の職員を市区が設置する保健所に応援を送るということは、全国的にみれば当時の自治体では珍しいことだった。市区の保健所と都道府県とで情報を共有することすら難しい状況が、むしろ全国では一般的な実情となってきた。

ただ、こうした感染症の場合、県と市区町村の垣根を越えていかなければ、県民の命を救うことができなくなる。とくに、政令指定都市や中核市、東京二十三区では、保健所行政の権限が市区に属しており、広域的に感染症対策を都道府県で展開する際のボトルネックとなることがある。保健所設置市との情報共有が十分でない、柔軟な応援体制づくりが十分にできにくい、ということがある。

でも鳥取県は小さい自治体。人的な資源も限られている。組織の垣根を乗り越えて協力をしていかなくては、住民の命と健康を十分に守ることができない。新型コロナウイルスは、人間がつくる行政区域などお構いなく乗り越えていく。行政の都合に合わせて感染が広がるわけではない。ウイルスとの闘いは、ウイルスの特性に合わせていかなければならない。

県だろうが市だろうが、みんな一蓮托生でやっていこう。

そういう団結ができて、初めてウイルスの拡大をストップできるのだ。

こうして第一例目から、鳥取県では縦割りを排除していくことを決めた。県の衛生環境研究所でＰＣＲ検査をやるし、鳥取市の検体の採取や輸送、積極的疫学調査など、市のすべき仕事などとケチなことは言うまい。県職員も手伝えばいい。

ＰＣＲ検査の方法でも、鳥取県は革新的な手法を導入した。車に乗ったままＰＣＲ検査を受けられる「ドライブスルー方式」である。都道府県で最初に鳥取県がこの方式を導入したのは、昨年四月半ばのことである。

陽性者の濃厚接触者はもちろんのこと、やや心配な人も含めて、徹底的に検査する方針を打ち出していたのだが、医療機関のご協力をいただいて検体を採取する際に、一々防護服などフル装備で被検者と向き合わなければならない上、その場所を用意するために毎回消毒など特別の環境を準備しなければならなかった。あまり検査を行わない自治体ならそれでよいかもしれないが、頻繁に検査を実施していた本県では、医療従事者に手間と時間をお願いすることになってしまう。

そこで、現場の鳥取大学医学部附属病院高次感染症センター長千酌《ちくみ》浩樹教授から、被検者に決められた時間と場所に次々と自動車で来場してもらい、車の窓越しに採取する「ドライブスルー方式」をとればよいのでは、と提案を受けた。すでに韓国では行われていたが、鳥取でもできるはずだ。院内感染の防止や医療従事者の負担を減らせるし、一人あたりの検体採取時間を短縮することもできる。新型コロナ対策のパートナーからの提案に基づき、その実現を図ることとし、この方式を円滑かつ持続的に行っていくために、県医師会や県看護協会にも相談し、協力いただくことになった。検査体制の構築も、オール鳥取だ。

県庁内でも、職員にウイルス感染に対する意識を高く持ってもらう意識改革の趣旨も含めて、職場ごとに工夫しながら飛沫感染等防止対策を行った職場づくりである「鳥取型オフィスシステム」を導入することとした。職員や来庁者の命を危険にさらすような県庁ではいけない、と大いに心配していたからだ。県庁でなくとも、どこの職場でも、働く人の間で感染が広がる可能性があるが、日本の職場は皆机を突き合わせた島型の職場環境を形成している。ここについたてを立てたり、可能ならソーシャルディスタンスをとったりといった工夫を、それぞれの部屋で競い合うように整えてもらったらどうか。四月一日は役所の異動日で、一斉に机の配置を変更する年に一度のチャンスだ。だから昨年三月三十日に号令を出した。

鳥取県庁のモットーは「カニはいるけどカネはない」。まして予算執行後の年度末だ。カネはない。

職員の皆さんはおそらくブツブツ仰りながら、知恵を絞って工夫してくださったのだろう。執務スペースに段ボールで間仕切りをつくり、飛沫防止作戦を展開した課。年度末でも捨てる前の段ボールはある。それだけでは段ボールが邪魔になり話しにくいため、段ボールに穴を開けて「窓」をつくり、窓に食品用ラップフィルムを貼った財政課の予算担当の人たちは、各種報道でも取り上げられ一躍有名人に。これが職員自ら感染リスクをどうやって軽減させるかの、体験的研修になったのではないか。

どちらかというと、ニュースではチープな鳥取県の「オフィスシステム」を面白がられたようだが、県民にも感染予防の大切さをアピールできたと思う。こうしたオール鳥取での意識づけは、感染予防という全員参加の運動には極めて重要だ。SNSでは大いにバズり、おおむね鳥取県庁職員の涙ぐましい努力にエールを送ってくださった。それどころか、当初バカにされているように見えたが、「鳥取型オフィスシステム」を導入する職場は全国に広がり、商品化も始まって、今では多くの会社などで一般的に同様のシステム（といっても、おカネをかけたもの）が設置されているのは、読者の皆様もご覧になっていることだろう。

鳥取型オフィスシステムを導入（鳥取県庁）

新型コロナをはねつける地域をつくるため、感染予防や感染拡大防止を浸透させる広報をするにしても、県民の皆様の心に届かなければ「行動変容」につながらない。まず、鳥取では、大都市のように常に混雑しているところとは違い、ソーシャルディスタンスをとりやすいので、その意識を高めてはどうか。また、クラスターが発生すると一気に広がるというのが新型コロナの特性であり、そのクラスターの誘発条件となる「三密」を避けることも大事だ。さらに、マスクや手洗い・手指消毒などの予防を習慣づけることも欠かせないだろう。カネがないなりに知恵を出して。手作りで。

そこで世に訴えることにしたのが「新型コロナ克服三カ条」。昨年第一波向けの緊急事態宣言が解除される頃、五月二十日にポスター等で広報を始めたものだ。あれこれ頭をめぐらして、キャッチコピーを書いては消してを繰り返し、ない知恵で考えてみた。もちろん「鳥取テイスト」で（キャッチコピーのつもりだが、ダジャレと思われているようだ）。

1、人と人　間《あいだ》が愛だ

2、三つもの　密だとミスだ

3、幸せは　予防で呼ぼう

ソーシャルディスタンスの距離の目安は、肉質日本一を誇る「鳥取和牛」一頭分と描いてみた。「鳥取和牛」の魅力もサブリミナルに見せている。いずれにしてもイメージしやすいし、しかめ面ではなく笑顔で伝えた方がいい。そうしないと心まで届かない。

＊＊＊

試練の二〇二〇年を終える時、鳥取県の累計陽性者数は百十九人。県民のご協力で、全国最少の数にとどめ試練の年を終えた。その数百十九は、図らずも救急車の電話番号だ。本当は、大晦日は除夜の鐘の百八で止められたら、と職員に言っていたが、救急車に因む数は鐘の中でも警鐘を鳴らす象徴的な数だろう。年末になって二つクラスターが連発しながらも、何とか百十九人にとどめられた。日本全国を見渡せば奇跡的だ。

昨年大晦日の東京は一日で初めて千人を超え千三百三十七人となり、累計も六万人を超えるという衝撃的な年の締めくくりとなってしまった。第三波の猛火は越年して、日本中を炎の中に包み込んでいく。昨年一年間で日本でも三千五百人の尊い命が新型コロナに奪われたが、当時鳥取県はコロナで命を失われた方はゼロで、全国でも希有な結果に。早期検査、早期入院、早期治療という、鳥取県の独自戦略で切り抜けた末のことだ。

しかし、コロナの第三波は厳しかった。鳥取県も含めて、全国がその渦に巻き込まれていくことになった。怒濤の年末年始、そして……。

ひとまず筆をおき、昨夏以降のコロナとの闘いについては、再び第五章で記したい。

ロックダウン的手法よりも経済・社会活動と折り合える手法

新たな感染者を抑えることは、わが国でも現実化した医療逼迫を回避する上でも大切なことだが、同時に大切なのは、経済活動への影響をも回避し、緩和することだ。やり方によっては、感染を抑え込むことの副作用として、経済活動の動きに支障を来《きた》す。そこをどうバランスを取りながら進めていくか。コロナ禍において、全国で日々頭を悩ませている大問題だ。

中国や欧米で行われているような「都市封鎖」、「ロックダウン」は、一九世紀型の手法だ。人と人との接触を強制的になくして、一旦は感染を沈静化させる効果は確実にあるだろう。新型コロナの世界的流行に伴い、まず中国が都市封鎖をし、ヨーロッパに飛び火してからは、イタリア・ミラノやロンドンなどでもロックダウンした。このやり方が感染拡大防止対策の代名詞のように思われがちだが、同時に経済活動も社会活動も完全否定することになるという副作用も、最も強く現れる手法だ。他の方法はないのか。

今から百年前のスペイン風邪のとき、日本人はマスクをするようになったと言われる。厚生労働省の前身である当時の内務省は、「マスクをかけぬ命知らず！」というポスターをつくって、当時の省電（現ＪＲ）の中などでのマスク着用を呼びかけた。また、内務省の役人が各地を巡回して指導した記録が残っている。も。当時はワクチンを巡って苦労を重ねたとも。この頃の指導鳥取県は第一波が比較的影響が小さかった分、第二波で厳しい惨状となった。この頃の指導方針が今も引き継がれている日本とは異なり、欧米では新型コロナが広がった当初もマスク着用が励行されていたとは言いがたく、ロックダウンが有効だったと言えよう。

クラスター対策が新型コロナに有効だが、誤解を恐れずにあえて申し上げれば、「食中毒」に準じた手法が参考になると考えている。クラスターが起こった「起点」となる施設等からしみ出す感染を速やかに断つことが肝要で、食中毒が起こった店舗や施設を閉め徹底的に消毒し衛生状態を回復し、それ以上広がる可能性を断つのと似たような措置が本来有効だ。

これまでの新型インフルエンザのような感染症は人から人への感染力が高いので、スペイン風邪対策から発展してきた手法である、多くの人が集まる施設や学校などを閉鎖するというやり方が効果的となる。これに対し、新型コロナの場合、クラスターを着火点として爆発的に広がるという特徴があり、仮に一人の感染者が発生したとして、デパートや学校を閉鎖するということはあまり合理性がない。むしろ小さな施設で密室の時を共有したような場合が、危ないのである。だから多くの人々が集まるデパートや学校や会社などをとにかく閉めてしまうと言うのは、手法としては過剰であり、むしろクラスターに関連する施設に限り閉鎖すれば、それで一定の効果を上げることができるはずだ。

私は、そういう見地から、第一波・第二波に際しては、全国に緊急事態宣言が発せられたあとも、深夜営業の自粛や休業要請はしていない。経済へのダメージを考えれば、とくに鳥取県のように感染が広がっている状況でもないのに、深夜営業を自粛してほしいとか、休業要請をする必要があるだろうか。意固地なぐらい全国の流れに逆らった。

同様の判断をしたのは鳥取県だけではない。島根・岡山・徳島など、中国・四国地方のいくつかの県は同様の対応をした。

三月に大阪のライブハウスでクラスターが起きて以来、ライブハウスの営業は全国でほぼできない状態になった。しかし、予防対策をとれば営業してもいいのではないかと考えた。そこで、ライブハウス用のガイドラインを専門家の助けを借りて設定し、協賛店を募集する制度を、飲食店や宿泊施設等と同様に創設した。さらに、感染症対策の学者の方々にも審査していただき、モデル的な施設を登録する認証店制度も開始した。その第一号店舗の一つが、鳥取駅前の日乃丸温泉の二階にあるライブハウス「アフターアワーズ」である。一階は繁華街に湧くという珍しい温泉で、銭湯。二階が飲食しながら音楽を楽しめるライブハウスになっている。この店の経営者の松本正嗣・菊池ひみこご夫妻は、実は海外演奏家とも交流のある一流ジャズ演奏家。都会から帰ってきて銭湯を継ぐのだが、継ぐときの条件が銭湯の二階をライブハウスにすることだったそうだ。このライブハウスは、ジャズのインストゥルメンタルがメインだし、ステージのところに透明のビニールカーテンの仕切りを設け飛沫を防止し、お客さまの席を互いに十分離す。しかも窓を開けて風が通るようにする。安心すればお客さんも戻ってくる。そういうシステムが必要だ。

このように、国より早いタイミングからガイドラインを専門家・業界とともに制定し、感染予防を徹底した施設とすることで、営業を続けたい事業者と、新型コロナの心配を排除したい利用者・保健衛生行政との調和を目指そうと取り組んだ。ライブハウスだから駄目、というわけではない。しっかりとした感染対策をとり、環境整備さえできればお客さまに利用してもらってください、というわけだ。

それまでのいきさつを説明したい。

昨年五月に、全国の緊急事態宣言が解除された。当時は「いまのうちに第二波に備える」という合言葉があって、本県も第二波に向けて新たな地域社会づくりに着手した。

「お客さんが来ない」「これでは休業要請がなくても、休業せざるを得ない」

非常に切実な声。緊急事態宣言の報道が人々のマインドを冷やし、全国でも最も陽性者が出ていないレベルなのに鳥取県の飲食店も直撃していた。われわれも胸が痛かった。

こういう声に応えて、「頑張ろう『食のみやこ鳥取県』緊急支援事業」、「新型コロナウイルス克服再スタート応援金」など給付金事業を県独自でも次々に繰り出した。零細事業者の多い実情から、手軽に申請できるようにし、商工団体や業界団体にも支援事業の利用を呼びかけていただいた。このような店舗支援はかつてない規模での普及が進んだ。ただ、一時的な補助を出しても、根本的解決にはつながらない。

鳥取県はロックダウン的手法の休業要請は頑なに避けてきたのだが、全国的な感染症の状況に、お客さんがお店での飲食を避けてしまうことこそ、問題の核心だ。

結局、安心感がないと、飲食業は成り立たない。要望に来られた事業者の皆さんも、そのことは理解されていたようだ。

そこで考えたのが、安心してお店で食事などを楽しめる衛生基準をつくることだった。まず鳥取県独自に専門家の方々と一緒にガイドラインをつくり、そうしている間に、国もガイドラインを作成することになったので、その内容を織り込んで、飲食店バージョンや宿泊施設バージョンを完成させた。その中にライブハウスなども入っていたわけだ。

ガイドラインのあらましと運用の仕方は、次のとおりだ。

まず、お店自らが感染防止対策が行き届いているかをチェックしていただく。県が進めている新型コロナ対策に協賛するお店の条件として列挙している項目を実行してもらう。代表的な項目としては、飛沫防止のパーテーションの設置、消毒液の設置、従業員のマスク着用……などだ。このような対策を実施する店だと宣言する「協賛店」となり、ステッカーを貼って、実施している項目をチェックして掲示してもらうようにした。

ただ、専門家が個々の現場でチェックしている訳ではない「新型コロナウイルス感染予防対策協賛店」は、事業者の意識改革や実践を促進して効果をあげているものの、理論的には新型コロナ感染が広がる可能性はあり得る。現に、同様の制度を始めた東京では同様の協力店舗での感染拡大が問題になった例もある。

こうした観点から、鳥取県ではもう一段安全性を高めた制度を併設している。

それが「新型コロナ対策認証事業所」制度だ。入念に感染予防対策マニュアルを策定してもらい、県の補助金を活用するなどでお店の衛生対策を施し、専門家がお店を訪問してチェックした上で、一軒一軒お墨つきを与える。いわば「モデルケース」として認証されるものだ。当初は敷居が高かったようだが、安心を求める顧客心理や、大切な従業員の健康確保のため、次第次第に申請件数が増加してきており、審査に当たる専門家の体制を拡大するくらいになってきた。今年一月の臨時議会で、認証レベルの店への応援金支給も決めた。

もう一つは、お店ごとの安全安心対策にとどまらず、観光地、温泉地、飲食店街など地域が一丸となって感染症防止対策をする「安心観光・飲食エリア」制度だ。観光客に安心して楽しんでいただくためには、この観光地は感染症対策をしっかりやっていますとアピールするのがよいのではないか。全国的にも例のない「地域まるごと安全宣言」をすれば、お店も訪問者も意識が高まり、お店同士の相乗効果も見込めると考えた。

具体的な仕組みはこうだ。飲食店街や観光地のお店が、すべて協賛店になり認証店を目指し、二週間に一度のペースでその地域のお店同士が相互にチェックをする。さらに毎月、県や地元の市町村が入ってチェックをする。行政も毎月チェックに入る。こういう活動を行うことを地域と県・市町村が協定を結び、条件が達成された時点で地域が「安全安心宣言」を行うものだ。これも鳥取独自のユニークな方法だ。これまでに、大山寺《だいせんじ》エリア、鳥取砂丘エリア、はわい温泉・東郷《とうごう》温泉エリア、若桜氷ノ山《わかさひょうのせん》エリア、皆生《かいけ》温泉エリアが「安心観光・飲食エリア」として宣言するなど、主要観光地に広がってきた。参加エリアは例外なく、この活動に参加することで感染対策のモラール（士気）が向上し、内容も充実してきている。

鳥取は「いなばの白兎《しろうさぎ》」で知られているが、「命」と「経済」の「二兎《にと》」を追うのだ。

地域ぐるみで経済・雇用を守ろう

新型コロナは、人々の健康だけでなく経済へも計り知れない打撃を与えた。最初は中国から。武漢から上海等へ新型コロナが拡大していった昨年一月、中国での工場操業停止などの影響は県内企業にも波及し始めた。そこで、その月から、県独自の融資である「地域経済変動対策資金」で支援を開始した。

その後も新型コロナの影響は拡大し、ヨーロッパに飛び火。三月になると海外からの来訪者が媒介したと思われる第一波が、本格的に各都道府県へ波及し始め、学校一斉休校など社会の混乱と相まって、地域経済にもダメージが加わり始める。

私には、二〇一六年の鳥取県中部地震の記憶があった。地震のダメージが商店街などに打撃を与えたが、県独自の無利子・保証料無料の融資や、独自の助成制度により、結果として地震が原因となって閉店した店はなかった。優遇条件で融資をすることで運転資金も含めて資金供給をつないでさえおけば、いつまで新型コロナの影響が続くかわからないが、何とか事業を継続することができるのではないか。銀行や信用金庫も、顧客の会社が事業をやめざるを得ないところに追い込むよりも、地元自治体が支援する無利子融資などで地元企業の持続可能な経営を支える方が得策で、私たちと利害は一致し協力してくれるのではないか。

こう考えて、「地域経済変動対策資金」による融資支援を強化することとし、二月には保証料を無料化し、三月になって、市町村から、県で行う無利子化に半分協力する了解を取り付け、無利子融資へパワーアップした。

折角融資制度をつくっても、活用されなければ持続的経営には貢献できない。特に融資側の金融機関が融資制度に理解を深めることに加え、相談窓口となる商工団体等の協力は不可欠だ。感染症が原因となって、国内外の経済が打撃を受けるというのは、今まで経験したことのないこと。行政だけでなく、お店や会社を地域ぐるみで支えていくように、スクラムを組んでいきたい。

こう考えて、担当部局に企業の経営動向をリサーチしてもらいながら、融資の活用を働きかけ、二月十四日には商工関係団体とともに私も出席して経済・雇用支援を話し合った。ポイントは融資側の動きとにらみ、三月四日、私も金融機関を回って、県の新規融資制度を活用して、厳しい経営に追い込まれて事業を停止せざるを得なくなる前に、企業に勧めていただきたい、今こそ金融機関に地域を支えていただきたい、と訴えて歩いた。金融機関のトップの皆さんも、融資先から厳しい状況を伺っている、タイミングよく県の融資制度が組まれ

鳥取県と国の新型コロナ対策無利子融資制度

項 目	県「地域変動対策資金」	国の融資制度
融資期間	１０年間	
融資上限額	２.８億円 （後に３億円に引上げ）	４千万円 （後に６千万円に引上げ）
無利子、 無保証料の 対象要件	売上高１５％（小規模個人事業主の場合にあっては売上高５％）以上減少の事業者 ※県は、鳥取県中部地震の被災企業などに対し売上減少要件を緩和するなど、独自に対象範囲を拡充	
無利子期間	当初５年間	当初３年間
無保証料期間	１０年間	
制度開始	令和２年１月３０日	令和２年５月１日

たので、関係先に活用を働きかけたい、と前向きな回答をいただいた。

結果は、銀行も信用金庫も顧客を回ってくださり、リーマンショックを遥かに上回るペースで県融資が執行され、四月・五月といよいよ経営環境が悪化する前の段階から資金注入がなされた。宿泊施設などから、後々あの融資に救われたという声をいただいている。

国も五月から同様の融資制度を創設した。国の融資は一社四千万円（後に六千万円）までだが、県融資は二億八千万円（後に三億円）までなので、他の都道府県よりも格段に強力な融資となっている。好評のため、本県では補正予算を重ねて融資枠総額は二千二百億円規模にも達しており、既にその八割が融資実行されている。本県の一般会計

予算規模は年三千三百億円程度なので、いかに力を込めて企業を支えているかおわかりいただけるかと思う

事業の命脈を絶たれないように、融資制度を使ってもらう。それがうまく作用しているからだが、鳥取県における「新型コロナ倒産」は他の都道府県に比べて極めて少ない。

加えて、休業した・しないにかかわらず、それぞれ一律十万円を支給する「頑張ろう『食のみやこ鳥取県』緊急支援事業」、「新型コロナ克服再スタート応援金」、「新型コロナ克服緊急応援事業」を県独自に度重ねて実施している。

衛生対策に関しても、国の衛生対策の支援金は要件や手続きで使いづらいと店側から声が上がる。そこで「企業内感染症防止対策補助金」はじめ県独自の衛生対策支援制度を講じるなど、困っている現場の声を聞きながら一歩一歩手を打っていった。

何店舗かまとまってテイクアウト事業をやろうという活動を支援したり、クラウドファンディングの仕組みを活用して飲食店等を応援し、後日お店で使えるお得なクーポン「とっとり券」を発行したり。鳥取県は現場の窮状に寄り添い柔軟な支援を展開した。

コロナなんかに負けてたまるか。小さな鳥取県だが、地域の絆を生かして、何とか支え合っていこうとスクラムを組む。

「#We Love 鳥取キャンペーン」や「Go To 修学旅行」などで応援

昨春の緊急事態宣言は、あっという間に人の動きを止めた。都道府県境をまたがないようにしようを合い言葉に、日本中が新型コロナの感染拡大防止に協力した。

しかし、これでは観光も止まることになる。観光地や宿泊施設の火が消え、温泉地まるごと自主的に休業を決める地域も出た。緊急事態宣言が鳥取県も含めて発出されたが、本当は感染が基本的に起こっていない地域にとっては、ため息しか出ないという厳しい事態だった。

県民の本音としては、他地域の人がゴールデンウィークに入ってくるのに不安を持っている状況だったので、観光地の駐車場閉鎖に協力しようと言ってくださった鳥取砂丘の観光関係者の皆さんの気持ちには、正直泣ける思いだった。こういう理解があって、警察もパトロールをして砂丘地域への駐車を控えてもらう、「ロックダウン」ならぬ「サンドダウン」が実行されたのだ。

鳥取県では、例えば旅館の従業員の方にスイカやらっきょうの収穫に参加していただいて、収入の補塡《ほてん》にしてもらう事業や、休館中におもてなしや外国語講座を用意するなど、何とか意義のある機会を作ることとした。

いよいよ緊急事態宣言が解除されることとなった五月、観光・宿泊事業者にも感染防止対策を段階的に強化しながら事業を再開していただくよう、まずは県民や近隣地域の方々の観光から徐々に促進していく方針で臨むことにした。いわゆる「マイクロツーリズム」である。そのため「＃We Love 鳥取キャンペーン」という県民限定の企画を、緊急事態宣言解除後から立ち上げた。鳥取県内のおすすめ観光地や飲食店二カ所以上を巡って写真を撮影し、その写真にハッシュタグ「＃we love 鳥取」と紹介文・応援メッセージなどをつけて、SNSで投稿すると、抽選で千人に豪華景品をプレゼントするというものだ。実施期間は五月十六日から同月末まで。景品は、県内宿泊施設のペア宿泊券やお食事券などに加え、コロナの影響で売り上げが厳しくなった特産品や観光土産を贈ることとした。厳しい苦労を強いられている地元のお店や観光地を応援しようというものだ。

あわせて、地元のお店を利用して応援しようという運動も立ち上げた。自ら率先して利用する「美味しい楽しい行ってみ隊」というチームを県庁に設置し、これに賛同する団体を募り、商工団体、JA等が続々と加わってくださった。金融機関も、行員に店舗の利用を働きかけたり、系列クレジットカードで地元宿泊施設利用の特典をつけたり、熱心に盛り上げる。結果は狙いどおりであり、普段は行ったことのない飲食店や観光施設を訪れた県民が、その魅力を写真付きで次々に投稿・発信していく。SNSを使ってのいい宣伝だ。全国の皆さんにも鳥取県の魅力が伝わるだろう。

更に、「#We Love 鳥取キャンペーン Part II」として六月から地元で宿泊した県民への支援事業を行い、これを使って八万人ぐらいがマイクロツーリズムを実行して地元を応援してくれた。後に年末年始も実施し、今年三月は山陰西県エリアに拡大し行う予定だ。

子どもたちにとって大切な思い出となるはずの修学旅行も、見えない新型コロナウイルスによって危機にさらされていた。県をまたいで大都市部などに集団で旅行をするということは、感染リスクを伴うことになってしまう。したがって、今年は残念ながら修学旅行自体をやめよう、という動きにつながっていた。

しかし、それでは子どもたちがかわいそうだ。考えてみれば、鳥取県は景勝地も多いし、体験型の修学旅行もできる。温泉地の旅館は今お客さんが来なくて困っている。私の出身高校も、わざわざ東京から修学旅行に鳥取県にやってきて、砂丘でパラグライダーをやったり、鳥取県中部地震の被災地を見学したりして、私自身も生徒に震災の状況を伝えたことがある。彼らは一生の思い出を鳥取で作ったはず。県内の学校もここで修学旅行をしてもよいのではないか。日帰りでもいいし、県内のホテルや旅館などに宿泊してもいい。そういう旅行プランにした学校には、県が半分を助成するという制度をつくった。いわば「Ｇｏ Ｔｏ 修学旅行」である。

募集を始めたら、いろいろな学校で、県内の旅館に泊まる修学旅行が行われ、思いのほか評判がよかった。米子市の皆生温泉にある老舗旅館で話をきくと、鳥取市の高校の生徒が修学旅行に来て、初めて皆生に泊まったと言われた、とのこと。できたばかりの白砂青松《はくさせいしょう》の中を走るサイクリングコースなどを楽しんだという。

三朝《みささ》町の子どもたちが、地元の三朝温泉の旅館に泊まるケースもあった。地元の温泉旅館に泊まるという経験がない子どもがほとんどで、意外にも新鮮な発見だったらしい。「なんてうちはいい町なんだろう」と思った子がいたはずで、いずれ大きくなって都会へ出てもまた自分の町へ戻ろうと考える大人になるかもしれない。各地で切望されるようになっている「ふるさと教育」の場になった。夜はカジカガエルがうるさいし、とんでもない田舎だ。都会がいいなと思っていた子どもたちも、宿泊体験をすることで、自分の地域のことを知ることの大切さに触れたのではないだろうか。

県西部に位置する南部《なんぶ》町の法勝寺中学校の修学旅行。沖縄に行くはずだったが、新型コロナを考えてコースを県東部に設定し、砂丘や県庁をまわる日帰りバス旅行を企画した。陶山《すやま》清孝町長から頼まれて、半時間ほど生徒の皆さんに会って講話をした。

実は南部町は二〇〇〇年にあった鳥取県西部地震の激震地で、中学生が訪れた日より約一月前の十月六日に地震が起こった。その日県庁講堂でお会いした生徒たちは、その地震の後に生まれ、実体験として知らない。講話の終わりに、こう語りかけた。

「皆さんの学校のある旧西伯《さいはく》町は、二十年前の地震で大変な被害にあった。住民の皆さんはそれを乗り越えてきた。そういう遺伝子を皆さんは受け継いでいるのです。今は新型コロナで大変だけれども、ぜひみんなでこのコロナ禍を乗り越えていきましょう」

皆真剣な表情で「知事の話」に耳を傾ける。特に震災の話には緊張した空気が張り詰めた。でも何か物足りない顔をしている。普段真面目に仕事をしている身なのだが、県内の子どもたちのイメージでは、「ダジャレ知事」だという。そこで、苦労続きの生徒に、

「あの年は新型コロナでエラい目にあったけど、あんなことがあったよね、とお互いに語り合える日が来ます。あのコロナ……」

と語りかけ、話をまとめた。終わった後、生徒代表のお礼の言葉に、「平井知事のナマのダジャレが聞けてよかった」とあった。子どもたちには、これも観光資源なのだろうか。

リクエストに応じて、ステージ上に並びみんなで記念写真。「チーズ」の代わりに、Vサ

インでカニのはさみをつくり、みんなで「ウェルカニ！」と声をそろえて、パチリ。県内の子どもたちにも、平井の持ちネタが伝わっている。ローカルテレビの影響か。

その日はテレビクルーが密着取材していて、子どもたちのインタビューがニュースで流れた。地元での修学旅行について、沖縄に行けなかったのは残念だけど、鳥取の素晴らしさがわかって楽しかった、と答えていた。いい子たちである。

こうした思い出が、人口流出を防止することにも結びつけばよい。ふるさとのよさを知らないままに鳥取県を離れてしまうのではなく、こういう修学旅行の機会が鳥取に残るきっかけになったり、いずれまた戻りたいという気持ちがわきあがってくればありがたい。コロナがなければ、こういう修学旅行は永久に生まれなかっただろう。

地元での修学旅行となった小学校は約三分の二の七十六校、中学校は約四割の二十二校だ。今後も当分の間、こうした修学旅行を応援することにした。

文化・芸術活動を守れ

文化・芸術活動は、経済・雇用と並んで、新型コロナウイルス感染症のために大きな打撃を受けた分野だ。

ライブハウスの例を前述したが、音楽や絵画などの芸術といった分野は、すぐに生活を支えるという実用性はないとされるが、決して単なる「娯楽」ではない。長い人類の歴史とともに育まれてきた「人間としての証」であり「世界的な資産」でもある。新型コロナでくたびれた心を充実させたり、明日も頑張ろうというような目に見えない活力を与えてくれたりもする。

ドイツのメルケル首相は、「私たちは（芸術・文化によって）過去をよりよく理解し、また未来に全く新しいまなざしを向けられる」と言っているし、同じくドイツのモニカ・グリュッタース文化相も「アーティストは今、生命維持に必要不可欠な存在」と語っている。この国では、古くはゲーテが「学問と芸術は、世界全体のものであり、それらの前では、国境は消滅するのである」と記している。だから、ドイツはコロナ禍での文化・芸術活動を守るため、アーティストの支援にいち早く乗り出していた。

鳥取県には、中島諒人《なかしままこと》さんという日本を代表する演出家がいる。芸術選奨文部科学大臣新人賞を取られた方だ。中島さんは鳥取の出身で、東京大学に進学した後に演劇活動で名声をあげておられたが、二〇〇六年に鳥取にUターンされ、鳥取市鹿野町に旧小学校校舎を転用して「鳥の劇場」を創立した。私は最初の知事選以来「鳥取アーティストリゾート構想」を掲げているが、念頭にあったのはこうした実践例があったからだ。フランスの印象派の画家たちも南仏やパリの郊外をアトリエにした。創造性は、大都会の真ん中よりも、大自然の真ん中で生まれる。今では鳥取市河原町で「いなば西郷工芸の郷」づくりを人間国宝の前田昭《まえたあき》博《ひろ》さん中心に進めておられ、サックスプレイヤーのＭＡＬＴＡ《マルタ》さんも最近米子市へ拠点を移したところだ。生涯スポーツの世界的祭典「ワールドマスターズゲームズ」がイタリアのトリノで開かれたとき、関西への大会誘致のため出席し、トリノ市長を表敬訪問したことがある。席上、「私の県にもトリノ・シアター（鳥の劇場）があります」と紹介したところ、トリノ市長は満面の笑みで喜んでおられた。本当にあるのでウソじゃない。

昨年三月三十一日のこと。この中島さんが劇作家で演出家の平田オリザさんを連れてこられた。平田さんは、同じ山陰地域である兵庫県豊岡市で演劇人の養成を始めるなど、拠点を移して演劇活動を本格化させている。地元とタイアップして半年後の九月に公演を催すというので、そのご挨拶に来られた。実は平田さんとは中島さんを介して旧知の間柄であり、そのご縁で国際的な「ＢｅＳｅＴｏ演劇祭」を鳥取で開催するようになっている。

新型コロナの演劇界への影響をお尋ねしたところ、平田さんも中島さんも口を揃えて仰るのは、「都会が大変だ」ということだった。練習さえできないというのだ。更には、劇団員の多くはフリーランスだという。仕事がなければ生活も成り立たない。オーディションで受かった人が舞台に立つという世界だから、公演がなければ、生計が立てられない。この状態が続くと、演劇する人がいなくなってしまう。フリーランスへの国支援も、当時は明確でなかった。だから、せめて発表の場を、その前に練習の場を、何とか確保しなければ崩壊する、と切実に訴えられた。国は動いていなかった。

「じゃあ鳥取県で独自にやってみましょうか。演劇の火を消してはいけません。都会でできない活動は、感染者がまだ出ていない鳥取が受け皿になれるかも」

私は、そう言葉を返した。

その翌々日四月二日の記者会見で、私は、「とっとりアート緊急支援プロジェクト事業」を、新型コロナで厳しい状況に追い込まれている文化・芸術活動の支援対策として、全国に先駆けて実施すると発表した。例えば、無観客公演の支援、インターネットを通じて国内外へ公演を動画配信する支援などを内容とする緊急プロジェクトを行うこととし、鳥取県は、貴重な発表の場を失い文化・芸術の命脈が絶たれてしまう悲劇を回避するため、コロナ禍にあえぐ世界の一角として使命を果たすべく起ち上がった。

平田オリザさんが即座に反応され、ご自身のツイッターで、「鳥取の平井知事のところに行ったらすぐに支援制度ができた」と驚いていた。また、鳥取県に続くかのように、福岡市や東京都、長野県、愛知県、京都府・市など、アート支援に動き出し、国もフリーランスのアーティスト支援や「文化芸術活動の継続支援事業」創設など、全国へ鳥取県の灯した松明《たいまつ》が引き継がれた。

東京公演の支援にもなった「鳥の演劇祭」（©水本俊也写真事務所）

元々東京オリンピックが開催予定だったこともあり、如月《きさらぎ》小春《こはる》さんの「NIPPON・CHA！CHA！CHA！」という作品を東京池袋で上演することとしていたものの、新型コロナ騒ぎで東京では練習すらできなくなってしまった。演出は鳥の劇場の中島さんなので、鳥取で東京から来た役者さんが練習をして、まずは鳥取での「鳥の演劇祭」で上演し、その後、東京芸術劇場横の野外劇場「GLOBAL RING THEATRE」での公演につなげることとなった。この一連のながれも、鳥取県のアート緊急支援で応援することとし、舞台に立たれる役者さんのPCR検査の費用も県で提供した。中島さんも練習できずに困っておられたが、東京をはじめ全国の文化・芸術活動のいわばシェルターのような役割を、鳥取が担ったわけである。「NIPPON・CHA！CHA！CHA！」は無事上演を果たし、コロナ禍の人々の惜しみない喝采に包まれた。

ヨーロッパでかつてペストが大流行した後、封建制度が崩壊し、そこで生まれたのが自由を謳歌するルネッサンス運動だった。疫病は文化・芸術を破壊するだけでなく、文化・芸術を創造する契機ともなることを、世界の歴史は教えてくれる。このたびのパンデミックの後、日本で、世界で、新たな創造活動が大いに生まれればと、夢見ていたい。そのためにも、種火まで絶やしてはいけない。

新型コロナで活動中止を余儀なくされる問題は、スポーツの世界でも起きた。昨年急遽《きゅうきょ》中止となり一気に衝撃と無念さが日本列島を走り抜けたのは、全国高校野球選手権大会「夏の甲子園大会」のニュースだった。地方大会もやらない方針が示されて、これを目標に入学して高校生活すべてを野球にかけてきた生徒が涙に暮れる姿は、だれしも胸をしめつけられるものだった。即座に、翌五月二十一日の記者会見で、私は力を込めて申し上げた。

「若い人たちが描いている夢が実現できるよう、コロナのためにそれが無になってしまわないように舞台を整える必要がある」

「コロナがあったあの年に特別の大会があったという思い出を作ってもらうのがいいのではないか。『みんなで夢に向かって挑戦する』、そういう夏を我々もプレゼントさせていただきたい」

全国高校総体（インターハイ）も中止となっているため、野球以外の競技の代替大会も開くことを表明し、いずれも今夏当初予定の大会に近い形で開催することで、関係団体と調整する、と表明した。会場使用料やネット中継費用などを、六月定例県議会に提出して、夏に備えようという考えだ。コロナ禍で中止された高校スポーツの代替大会を、都道府県単位で独自に開催し支援するのは、全国初のことだったが、これに勇気づけられたのか、他の都道府県も鳥取県に続くことになり、高校生の夢の舞台が実現していく運びとなった。

県高野連の田村嘉庸《よしのぶ》理事長は感謝の意を示してくださったと報道された。私も思いが伝わったと、ほっと胸をなでおろす。文化部の大会活動支援も行うこととした。

「新型コロナだから」と諦めないのが、「鳥取流」だ。

使い勝手のよい県庁を目指せ

接触から感染が広がる新型コロナは、仕事のやり方や暮らし方を変えようとしている。インターネット社会の利点を活用した電子申請や、職場に行かなくても仕事ができるリモートワーク、人が集まらなくても実施できるテレビ会議など、一気に社会に浸透することとなった。これを鳥取県庁も積極的に採り入れて、県民にとって使い勝手のよい県庁に生まれ変わる好機だと考えたい。

鳥取県は電子決裁化など電子県庁づくりを全面的に進めてきたが、市町村や隣県とも連携して展開するユニークな手法もとってきた。

これまでも、家庭と仕事との両立を図れる職場づくりを行うため、家は県の中部や西部にあっても、県東部にある県庁に通う職員等について、子育てや介護のために、出勤を減らしながら仕事ができるように、それぞれの地域でリモートワークができるスペースを整えてきた。また、職員が出張していても決裁など通常どおり職務を行うため、庁外から庁内ネットワークに安全にアクセスし、業務が停滞しないようなモバイルワークができる環境を整備してきた。もちろん、県庁のセキュリティを格段と強化して、通信も暗号化し盗み見ができないような安全対策もとられている。

例えば東京などの県外本部、県中・西部の総合事務所の中に特設ブースを設置し、テレワーク体制を強化した。二〇一九年度の実績では、モバイルパソコンの活用は、年間延べ千二百六十四人、サテライトオフィスの活用は、年間延べ八百七十七人となっている。

また、人口減少社会でも持続可能な行政体制をつくっていくため、県と市町村が共同・連携して、「鳥取県自治体ICT共同化推進協議会」を二〇一五年五月に設立し、県・市町村の間で、「とっとり行政イントラ」というメールや電話などに代わるセキュリティを確保した情報共有基盤のグループウェアを、二〇一七年二月に全国で初めて運用開始した。さらに、共同での電子申請システム開発など、県と市町村の行政レベルを超えた共同事業を展開している。特に、全国で初めて県内全市町村で導入した「統合型校務支援システム」は、庶務仕事も抱え込んでいる小中学校教師の働き方改革を進める原動力になり、二〇一九年度全国知事会先進政策大賞に選ばれた。共同開発した電子申請システムなど、非接触型の申請を通じて住民の利便性向上と新型コロナ対策に役立つだろう。

事務の電子化は、県庁内だけでなく、県内市町村と一緒に、「とっとり行政イントラ」を活用することで進めてきた。市町村と県とのコミュニケーションがしやすくなるし、同じシステムを共同開発するので、コストも安くなる。さらに電子申請のプラットフォームをつくって、例えば鳥取市や米子市などでも活用できるようにする。鳥取県のように小さな自治体だからできることなのかもしれないが、共通化したシステムにすることで、さまざまなメリットがでてくる。

さらに言えば、実は、鳥取県と岡山県との県境を越えて、ループ状に情報ハイウェイが接続されている。両県のどこか一カ所で断線しても、ループ状の情報ハイウェイならば、他の部分が迂回してつながる形になるので、ネットワークが切れることはなくなるからだ。このように結ばれた関係にあることから、これを活用して、岡山県の伊原木《いばらぎ》隆太《りゅうた》知事と話し合い、情報セキュリティ対策を両県共同で運用することとし、大幅な経費節減とセキュリティ向上を実現した。また、災害等でどちらかの県庁システムがダウンしたときのために、お互いに相手の県庁のホームページを継続して出すようにするシステムを導入した。

ICTの活用ということになれば、県境も関係ないし、県と市町村との違いも大きな支障とならなくなる。小さな県の知恵かもしれないが、縦割りの壁は取り払うことにした。

こういう対策を積み重ねてきた結果、新型コロナの感染拡大の影響を回避するため、大幅にリモートワークを鳥取県庁でも活用することができた。今回の新型コロナの影響で一挙に需要が増し、例えば、流行拡大期に入ると、東京や大阪の県庁職員の多くは鳥取に退避させ、リモートで企業折衝や販路開拓などの業務を行うようになった。そのためのサテライトオフィスは、県庁内に設置した。鳥取県は新型コロナ対策を熱心にやっているので、庁内会議であっても自席からテレビ会議に出席するなど多用している。

本庁自体においても、昨年四月の緊急事態宣言発令を受けて、在宅勤務の手法などを活用しながら、出勤者の三割を削減し、また五月のゴールデンウィーク中は、平日も出勤者の八割削減を実施した。昨年末から今年にかけての年末年始は、三日間の特別休暇を認めることも含めて、職員の分散勤務を行ったところだ。

コロナ禍で突如話題になったのは、印鑑である。

出社を控えてリモートワークが推奨されているのに、印鑑の業務があるために出社せざるを得ないという、切実な声がメディアで紹介された。これだけ文書の電子化が進んでいるのに、ハンコの慣習がいかに根強いかをあらためて知った人も多かったのではないか。河野太郎大臣が「ハンコ廃止」を呼びかけて、日本中の注目を集めた。

しかし、鳥取県にとってはそんな議論はもはや過去のものになりつつあった。

もちろん実印であるとか、様々なハンコ文化を否定するものではない。利用者目線で、住民の皆さんや企業が本県に申請書などを提出するときにハンコを押せと求めるのは省略しようという運動を行ってきた。何となれば、たとえご本人であっても、ハンコが押されていなければハンコを持って出直してきてくれ、ということになるのは、不遜ではないかということだ。新型コロナで非対面型・非接触型での手続きが求められている中、ハンコを強制することは電子申請を否定することに直結する。そこで、昨年十月十三日に、県として押印を義務的に求めることは完全にやめる「鳥取県庁ハンコ手続廃止宣言」を行った。実は、事務ベースの原案では「ハンコ廃止宣言」となっていたが、ハンコ文化を否定するニュアンスが出ないよう、「ハンコ手続」に修正したり「鳥取県庁」を加えたりと、表現についても工夫をした。

河野大臣の動きもあり、鳥取県がやってきた県民本位の行政手続き改革が進むと考え、ごく一部残っていた情報公開関係での実印要件などを外すことにして、県民の皆さんへハンコ「手続き」は完全になくなります、と明らかにしたものだ。

鳥取県では、県民・企業等から県に提出する書類について、二〇一一年に「鳥取県に提出する書類の押印の省略に関する規則」を制定し、ハンコを押さなくても自分で署名すればハンコは不要ですよというように一括して改めるなど、押印の省略を進めてきた。また、県から出す文書に公印をつく際にも、公印の刷り込みを二〇〇九年から始めたほか、電子公印導入などを積極的に進め、二〇一九年度に鳥取県公印規程を改め公印省略を原則とする改革を行ってきたところだった。

すると、鳥取県印章業組合から平井に要望したい、とのお話がきた。植田哲朗組合長など業界の方々がお見えになり、「ハンコすべてをなくした方がいいという誤解が生じかねない」と慎重な対応を求める要望書をいただいた。丁度河野大臣のハンコ廃止をめぐって、全国の業界から声が上がっていた時期で、同様の趣旨によるものだと思った。

私からは、今回のものは「ハンコ」ではなく「手続き」を県民の利便性のためにやめる以上の意図はなく、ハンコ文化は守ることは当然、と説明しご理解をいただいた。私は記者会見の際にも、「ハンコ文化」は尊重すると述べ、ハンコはなくならないだろうと言っていた。例えば宅配便や銀行預金の払い戻し。ハンコを押してもらうことで、本人が受け取ったものとみなし宅配業者や銀行の方ではたとえ別人だったとしても免責される、という文化がある。「本人ではないのに渡したじゃないか」と抗議されても反論できる、社会の潤滑油の役割をハンコが果たしている、と会見でも説明している。記者会見ではそのあたりを正確に伝えたつもりだったのだが、ショッキングな形で切り取られてニュースになったのだろう。

いずれにせよ、組合の皆さんも、「手続き改善」は進めてもらったらよい、ただ今後表現上配慮してもらいたい、ということだったので、「ハンコ文化を守ることについてはお互い一緒です」と申し上げた。

「私が最初に選挙に出たときの後援会のハンコは、植田さんのところで作りましたので、ハンコの大切さは重々理解しています」

めでたく和解とあいなった。小さな県なので、色々ご縁があるものだ。ただ、国のように大きな組織となると、どうしてもメディアを介した「空中戦」になってしまう。後日、ご苦労されたと思われる河野大臣にこの話をしたら、笑みを浮かべておられた。

実はハンコ手続きと同じく廃止したものがある。「収入証紙の全廃」である。お金の代わりに収入証紙を買ってもらって、現金を納めるかわりにそれを貼るという制度だ。運転免許証やパスポートの手続きの際などに、広く使われてきたものだ。「収入印紙の地方版」である。これも、初めての人にとってどこに行けば売っているのかがわかりにくいなど、申請者にとっては余計な負担をかけるが、全国で行われている統一的な制度だ。これまでも、二〇一四年には収入証紙ではなく現金でもらってもいいということにし、クレジットカード決済やペイジーなど、順次キャッシュレス決済も決済手段として広げてきている。収入証紙をいっそのこと廃止してしまえば、新型コロナ対策にもなるし、電子申請への弾みとなる。そう決意して、交通安全協会など収入証紙で手数料収入を得ている団体などと調整をし、昨年十一月開会の県議会に収入証紙廃止の条例を提案し、可決成立した。これで鳥取県から、今年秋には完全に収入証紙は消えることとなった。日本の中ではまだ数少ないが、こういうふうに改革していけば、もっと分かりやすく使い勝手のいい行政になるはずだ。

住民目線で常識的に考えれば、改革は進むものだ。役所の中と外では文化が異なる。

第二章「ないけど、ある」鳥取の戦略

「ないけど」の「その後」

「スタバはないけど、日本一のスナバがある。鳥取大砂丘です」

二〇一二年、全国いたるところに出店していたスターバックスが出店しない唯一の県になってしまったことに関して、全国ニュースのテレビ取材を受けた際に答えた一言。これには世間から「座布団」をいただいたようで、SNSなどで話題に。果ては、鳥取砂丘のイメージアップで集客につながったり、「すなば珈琲」というお店ができたり……。本物のスターバックスが鳥取駅前に出店したときもメディアに仕掛けて、本県の広告効果は三十四億円にもなり、その店の方も世界一の売り上げで、ウィンウィンの結果を得た。

「△△はないけど、〇〇はある」

この「お題」は、鳥取県が大事にしているものだ。

冒頭の「スナバ」発言は、それなら東京や大阪に砂丘がありますか、と実は切り返している。サブリミナルに砂丘を売り込みながら、大方の「優越感」をくすぐって共感を得る。自慢するだけでは、残念ながら振り向いてはくれない。これも、おカネがなくて広告費を出せない人口最少県なりの知恵であるが、詳細は拙著『小さくても勝てる「砂丘の国」のポジティブ戦略』（中公新書ラクレ）をご覧いただきたい。

二〇一六年、「鳥取砂丘『ポケモンGO』解放区宣言」を行った。「ポケモンGO」に熱中しすぎ交通事故まで起きたなどと社会問題化していた際に、砂丘なら安全でしょうと、「鳥取砂丘スナホ・ゲーム解放区」を設定したところ、ゲーム愛好家の関心が集まった。

ところが、その年の十月二十一日、鳥取県中部地震が起こり、鳥取の観光地も風評被害に見舞われた。そんな中、元気の出る仕掛けは何かないかと考えていたときに、ポケモン社とナイアンティック社が鳥取でイベントをやってくれるという話になった。鳥取県から供出する資金はいらないという。何ともありがたい応援だった。

なぜなら、一年前、「ポケモンGO」が社会問題になったことで様々な批判を国内外で受けていたそうだが、鳥取県が解放区を設定するなど冷静に対応していたことが、世界的に見ても「超レアもの」だったそうだ。ポケモン社やナイアンティック社としては、「鳥取よ、よくやった！」ということだったのだろう。

こうしたことから、翌一七年十一月に、砂丘に珍しいポケモンが登場する公認イベント「Pokémon GO Safari Zone in 鳥取砂丘」が開催されることとなった。

三日間だけだったが好評のうちに終わり、来場者は八万九千人、経済効果は二十四億円にのぼった。イオンモール鳥取北へ駐車場提供などのお礼を申し上げたら、ポケモンのイベントで名古屋から来たお客さんが、テナントのカーディーラーで三百万円の車を買ってくれたとのこと。ポケモンのついでに買いで、外車！　思わぬ副次効果に驚いた。

われわれとして少し残念だったのは、交通渋滞が発生したり、線路に立ち入ってゲームをする人が現れたりして、問題が発生したことだ。これは今後の課題だ。

最近も関係者のご協力をいただき、全市町村にポケモンをあしらったマンホールのふたを設置したり、ポケモンの「サンド」を鳥取公認のポケモンにして、パンの「サンド」（＝サンドイッチ）とコラボしたり、地道な努力で地域振興につなげている。

星取県

何もないところだと言われるけれども、どこにも負けない星空がある。信号もネオンも少なく暗い分だけ、美しい星空が楽しめる。星に手がとどくような「星取県」だ。

鳥取県の星空がきれいだということは、県民の間では比較的知られた事実だった。環境省が一九八八年度から二〇一二年度までに実施した全国星空継続観察（スターウォッチング・ネットワーク）で、鳥取県は何度も日本一に輝いてきた。鳥取砂丘と大山は、北極星を中心に円を描く軌跡がきれいに写せる、星空撮影ポイントとしても知られている。

観光担当の県職員が、宿泊する観光を促進するために、鳥取県の星空を売り込んではどうか、という企画を持ち込んできた。私は星空をアピールするのはよいと思うが、長野県でもツアーを始めており、差別化ができるだろうか、同じやるのならば、「星取県」と名乗ってのアピールや、真面目に星空保全に取り組む環境活動や教育活動も含めて、例えば二〇〇八年に制定した「日本一の鳥取砂丘を守り育てる条例」のように、星空を保全するための条例をつくるくらいの覚悟が必要ではないか、そうだとすると住民の皆さんの思いを見極めなければ、と落ち着いて検討するように語りかけた。

その後しばらく時が流れた。長野県阿智村の星空観光が話題になっていることを念頭に、鳥取商工会議所青年部の牧浦健泰《まきうらたけやす》会長らが、鳥取県を「星取県」にしよう、条例制定を検討して、と要望にお見えになった。これは面白い展開になってきたかも。若い世代の折角の提案だ。全面的に乗っかってみよう。でも条例は大変そうだが。

実は以前にも、「光害」を規制する議論があったが、結局鳥取県は断念した過去がある。

条例を考えるとしたら、「星空保全条例」というように焦点を絞ったものを構想すべきだろう。特に規制を伴う条例をつくるのは、実にハードルが高い。夜空に明るいサーチライトやレーザーで空を照らしてはいけないという、経済活動に伴う「光害」に対する規制が欠かせない。禁止対象をどうするか。罰則をどうするか。星空の「特別保全地域」を設けて、星空活用促進策とセットで一段上の規制を設ける案もあるのではないか。

鳥取商工会議所青年部の皆さんに条例検討をお約束したのだが、驚いたことに、観光担当部局以外の条例提案を検討すべき環境担当部局が抵抗に出てきたようだ。いつの間にか、条例ではなくガイドラインにとどめるという報道が始まった。メディアにリークしたのか。無理もない。以前に光害規制の条例が頓挫したことがあり、条例提出となると、議会で問題になることを恐れているのか。幹部を呼び出しても消極的なようだったのだが、逆に専門家の検討会議を設置して、条例の必要性や内容を検証すべきではないか、と差し戻した。

星空を守るということは鳥取県だからこそできる特権であるし、日本の中でここだけ頑張ってでも守るべき価値ある景色ではないか。東京や大阪などでは失われた宝もの。鳥取が半永久的に美しい星空を守って、都会では夢物語のような天の川や流れ星を日常的に楽しめる場所を守る。地球という星が宇宙の中にあることを常に感じる喜びを、大切にしたい。

案の定、県議会では賛否両論が起きたが、鳥取商工会議所青年部は各議員に条例制定を働きかけた。正直若い世代が頑張るこんな条例審議は見たことがない。侃々諤々《かんかんがくがく》の議論の末、都道府県としては初めてとなる「鳥取県星空保全条例」が成立した。

聖夜がほど近い二〇一七年十二月二十一日のことだった。

これにより、防災利用などを除き空に向かっての屋外での投光器使用は禁止されることとなり、特に美しい星空が見える地域を「星空保全地域」に指定。そこでは、地域の特性に応じて、照明器具の設置や使用にさらに厳しい基準を設けることとなった。違反者には指導し、従わない場合に五万円以下の過料を科す。十二年前に断念したことが、今回は未来を考える若者世代の応援で成立した。

鳥取商工会議所青年部のこの活動に対して、見事に日本商工会議所から「全国商工会議所きらり輝き観光振興大賞」の振興賞が授与されることとなった。苦労が報われたのだ。

鳥取市佐治町。元の佐治村であり、ふるさと創生の一環で天文台「さじアストロパーク」を建設した筋金入りの星のふるさとだ。ここでは、「佐治」、「植田正治」、「大砂丘」、「ふるさと」など二十二の小惑星が発見されている。日本でも飛び抜けてきれいな星空をもつ地域だ。佐治は星空保全地域の第一号となった。実は自動車メーカーSUBARUの六つ星エンブレムは、この天文台長の香西洋樹《こうさいひろき》さんが提案したものである。

県西部で星空保全地域に指定された日南町には、作家井上靖さんのご家族が戦時中大阪から疎開していた。小説の舞台にもなったこの地には、井上靖さんの碑が立っている。

「ここ中国山脈の稜線　天体の植民地」

これらのほかにも、若桜町、倉吉市関金地区、日野町も星空保全地域となっているが、これらの地域に共通するのは、山間《やまあい》であること、観光客の誘致に苦労していること。でも自然とともに生きることができるということ。

「星取県」のポスター（大山星空で遊ぶツアーをもとに制作）

星空の価値に気づき、「暗さ」を誇りにする意識が醸成されてきた。

星空を活用した観光メニューやイベントも続々と登場している。

例えば、三朝温泉では星を見るツアーが夜のアトラクションとして始まった。星空の下の大山をバックに観光客がモデルになってペンライトの軌跡で文字などを描き、東京カメラ部十選の写真家柄《から》木《き》孝《たか》志《し》さんがカメラに収める「大山星空で遊ぶツアー」も人気だ。星取県のあちこちらで、星空の違った楽しみ方が満喫できる。

盆の時期には、空港にほど近い鳥取市の汽水湖である湖山池《こやまいけ》で、グランピングによる星空観察のイベントが行われた。グランピングというのは、キャンプ用品などの用意がなくても気軽に本格的キャンプが楽しめて、しかもホテル並みの快適さが得られる新しいサービスだが、そうしたものとの組み合わせもこれから増えていくかもしれない。

最近では星取県とのコラボ商品もよく目にするようになった。「しあわせ願い星」という星型をした最中《もなか》。星柄をあしらったマスク。

さじアストロパークの利用者も増えた。「星取県」宣言前の二〇一六年度は二万三千二百八人だったが、翌一七年度二万四千九百二十七人、一八年度二万七千六百五十三人と順調に増えた。特に、泊まりながら望遠鏡で星を眺めるコテージの利用は、飛躍的に高まった。

星好きで知られる篠原ともえさんには、本当のスターなので「星取県スター大使」になっていただいた。篠原さんは高校時代天文部に所属し、天文宇宙検定三級の資格を取得。宇宙を楽しむ「宙《そら》ガール」として知られ、星にまつわる本の出版、映画出演もする。また、宇宙飛行士の山崎直子さんには「星取県宇宙部長」に就任していただいた。このように応援していただけるのは、誠に心強い。全国で星空の価値が広がればと願う。

また、星空観光を進める地域の責任として、日本気象株式会社と連携し、その日の夜空が天体観測に適しているかを示した星空予報の情報提供を始めた。これは全国で初めての試みで話題を呼んだ。

そうした活動の効果もあって、テレビのクイズ番組で星取県に関する出題があったり、星空スポットとしても取り上げられることが増えてきた。

「真砂《まさご》なす数なき星の其の中に吾に向かひて光る星あり」（正岡子規）

大切なのは、この鳥取で生まれ育った子どもたちが、星空のきれいな鳥取県という誇りを持ち、それを一生自分の胸の中に刻み込んでおいてくれることだと思う。また、学習として自然科学、宇宙の神秘などに触れてもらう……そういう体験を学校の授業・行事、夏休みなどにしてもらいたい。

今宵も、あなたに向かって星は光っている。

令和・万葉の郷プロジェクト

新元号の「令和」は、万葉集に起源がある。しかし万葉集と鳥取県との深い関係は、あまり知られていない。

「初春《しょしゅん》の令月《れいげつ》にして、気淑《きよ》く風和《やわ》らぎ、梅は鏡前《きょうぜん》の粉《こ》を披《ひら》き、蘭は珮後《はいご》の香《こう》を薫《かお》らす」

（時あたかも新春の好《よ》き月《つき》、空気は美しく風はやわらかに、梅は美女の鏡の前に装う白粉《おしろい》のごとく白く咲き、蘭は身を飾った香の如きかおりをただよわせている。
（『萬葉集 全訳注 原文付』中西進著）

これは『万葉集巻五』に収録された梅花の歌の「序」。奈良時代はじめ、当時大宰府長官だった大伴旅人《おおとものたびと》の邸宅で開かれた「梅花の宴」で詠まれた歌三十二首の序文として、旅人自身が書いた漢詩といわれる。「令和」の出典である。

実は旅人の子ども大伴家持《やかもち》は、今の鳥取県東部「因幡国《いなばのくに》」の国守をしたことがある。いわば私の大先輩にあたる。万葉集は家持が編纂した。締めの歌には因幡の地が詠み込まれている。

「新《あらた》しき年の始めの初春の今日降る雪のいやしけ吉事《よごと》」

実はこの歌、家持が因幡国に赴任していた七五九年の元旦に、現在の鳥取市国府町にあった因幡の国庁で詠んだ歌だ。万葉集の結びの歌に家持は据えている。この年は暦の一月一日が二十四節気の立春に重なる十九年に一度の「歳日立春」であり、その日に縁起の良い雪まで降り重なった。このように、良いことが重なる年でありますように。何やら今年にも通じるような祈りだ。

「梅花の宴」には、山上憶良《やまのうえのおくら》も出席していた。その席で、よく知られる次の歌を詠んでいる。

「春さればまづ咲くやどの梅の花独り見つつや春日暮らさむ」

憶良は、今の鳥取県中・西部「伯耆国《ほうきのくに》」の国守だった。先ほどの令和の元となった漢詩も、憶良のものではないかという見方もあるほどに、旅人に近い存在だった。

「令和」という言葉の中に込められた思いには、鳥取県のように、自然を愛《め》で、ゆったりとした時が刻まれ、人々が絆で結ばれた社会のぬくもりが息づく、日本の古き良き理想を大切にする価値観がある。今でもあの頃と同じような四季折々の美しい自然や絆が、鳥取県には残っている。梅花の宴に関わった万葉人にゆかりのある鳥取県には、そうした記憶がＤＮＡとして受け継がれているかもしれない。

万葉集との関わりについて、県民はもちろん県外の皆さんにも広く知ってもらうため、令和の時代が始まる直前の二〇一九年四月に、「『令和万葉の郷』創造プロジェクトチーム会議」を立ち上げた。

鳥取県内には前記「新しき……」の歌碑や、憶良の子を思う歌など万葉の歌碑もある。こうしたところを巡り歩きながら、「令和」の目指すものを実体験する。鳥取県はそうした令和を感じることができるふるさととの役割を果たせるのではないか。

二〇二〇年二月には「令和によみがえる万葉フォーラム in とっとり」が開催され、万葉集研究の第一人者で、「令和」の考案者とされる中西進先生による基調講演が行われた。中西先生からは、「家持・憶良のいた鳥取県は、とっておきの県」との表現で、万葉集のふるさとにお褒めをいただいた。

漫画家の里中満智子先生は、二〇一二年に鳥取県で開催された国際マンガサミットの主催者というご縁がある。先生は大伴家持はじめ万葉人を研究され、「天上の虹」など丁寧に漫画作品に描かれている。家持の生誕千三百年を記念し、里中満智子作品で万葉歌を紹介する「里中満智子作品展～時をこえる愛の言霊～」を二〇一八年に開催した。鳥取市国府町にある「因幡万葉歴史館」で先生にもご列席いただき記念イベントが挙行された。里中先生の作品を拝見すると、家持であれ憶良であれ、みんな「美男」に描かれる。そう申し上げたら、先生はそうだと言わんばかりに笑っておられた。少女漫画の伝統かもしれないが、先生が万葉の人たちに深い憧憬の念を寄せておられるからだろう。あの時には、万葉集の時代を思い描く「令和」の到来は思いもよらなかったが、私たちはその精神を大切に考えてきた。

未来の日本を担う高校生にも、和歌を通してこの国が育んできた大切な価値観に接してほしい。そんな願いから、令和の始まりを記念して、万葉のふるさと鳥取県で、「万葉の郷と

佳子様に家持の歌を披露する小学生（因幡万葉歴史館）

っとりけん全国高校生短歌大会」を開催することにした。高校生たちが、単に短歌をつくるだけでなく、はじけるようにパフォーマンスも競い合う大会の様子は、全国紙などでも紹介された。鳥取県と万葉集の関わりは学校現場の皆さんにも意識されるようになり、学年単位で短歌に取り組む高校も現れた。

秋篠宮家の佳子様が、「手話パフォーマンス甲子園」においでいただいていることは、県民の誇りだ。令和に入って最初となる一昨年の大会の際には、因幡万葉歴史館を訪れられ、地元の子どもたちが万葉人の衣装を着て、家持の歌を朗唱する様子をご覧いただいた。

「令和」を英語に訳すと、“beautiful harmony”だという。令和と元号が定められたとき、安倍晋三前首相がこう話していた。

「人々が支え合う中で、新しい文化などが生まれてくるのが令和の時代だ」

鳥取県はゆったりとした時が流れるところである。自然も豊かで、人々の絆にも恵まれている。そういう令和が目指す姿というのは、鳥取にある私たちのコミュニティではないか。大都会では、人々が支え合って何か新しいことを生み出すことは難しい時代かもしれない。しかし鳥取ならばできる。令和の時代の新しい幸せのかたちを、ここ鳥取でつくっていけるのではないかと考えている。

新型コロナの嵐が吹きすさぶ中、もう一度生き方を考え直そうという機運が生まれている。仕事に追われ時に追われるような生き方、狭い家での窮屈な暮らし、大都会の喧噪《けんそう》……。しかし、東日本大震災や新型コロナを経て、本当の幸せを見つめ直そうという人たちが増えてきている。令和という言葉には、古くて新しい日本の本当の魅力があるのではないか。万葉人の心は、今も鳥取県には息づいている。

今年の正月。新型コロナが大都市でも地方でも拡大し、何もかも一変した年明け。元旦の鳥取は、家持が因幡国庁で詠んだ歌そのままに、純白の雪が降り重なっていた。

水木しげる先生のふるさととして「まんが王国とっとり」の誓い

二〇一五年十一月三十日。それは突然のことだった。

NHKの速報字幕に、目を疑った。水木しげる先生がお亡くなりになった……。

真偽の確認がとれないままに、ただ悲しみだけが周囲にたれこめてくるように見えた。

先生はふるさと境港《さかいみなと》市や鳥取県にとって、エネルギーを与えてくださった恩人だ。その懐の深さがなければ、「水木しげるロード」もできなかったであろうし、米子空港を「米子鬼太郎空港」とすることも実現しなかった。国内外から数多くの観光客が老若男女を問わず鳥取県を訪れてくださる賑わいは、先生の魂が呼び寄せるものだ。

鳥取県は、二〇一〇年七月二十四日の「米子鬼太郎空港」命名記念イベントに当たり、水木しげる先生に私から名誉県民の称号と盾を贈らせていただいた。米寿の先生の笑顔は飛行機に乗った鬼太郎のオブジェとともに、まぶしいくらいに輝いていた。NHK連続テレビ小説「ゲゲゲの女房」で一躍時の人となられた令夫人武良布枝《むらぬのえ》さんも、セレモニーの会場で、長年のご苦労をかみしめながら、穏やかな表情を浮かべておられた。

あの先生が、逝かれてしまった。

どう報いていけばよいのだろうか。県民を代表して葬儀に参列しながら考えていた。

先生のご自宅へ弔問に伺う機会などで、先生の娘さんである水木プロダクションの原口尚子社長はじめ関係者と、相談を重ねていった。本当はご命日に先生を偲ぶ会をしてはとお話ししたが、原口社長からは、むしろ明るい気持ちで向き合えられるように、先生の誕生日にちなんで、「生誕祭」を催すことにしたらどうだろうかと、ご提案をいただいた。

以来、毎年三月に鳥取県では「生誕祭」を行い、先生は今もここで歳を重ねておられるようだ。水木先生のご家族や野沢雅子さんはじめ声優陣、アニメ関係者も駆けつけてくださり、恒例の記念行事となってきており、鬼太郎たちを愛するファンの皆さんが境港の街を訪ねてくださるようになった。

水木しげる先生の御家族と「生誕祭」（鬼太郎のコスプレが筆者）

　最近も、JR境線に新しい鬼太郎列車がデビューし、境港市の「水木しげるロード」もリニューアルされ、夜になると街灯が妖怪の影絵を演出するアトラクションも始まり、その中には疫病退散の力を持つアマビエも浮かび上がる。
　ありがたいことに、フジテレビ系列で東映アニメーションが制作したゲゲゲの鬼太郎のアニメが放送され、今の子どもたちにも鬼太郎の世界を見てもらうことができた。アニメの中で、制作関係者のご好意で鳥取県を紹介していただく回も何週かあった。ダジャレを駆使する「県知事」が登場したこともあったが、一体誰をモデルにしたのだろうか、伺ってみたいものだ。

周知のとおり、世界中で人気を誇る『名探偵コナン』の作者青山剛昌《あおやまごうしょう》先生も本県大栄町《だいえいちょう》（現北栄町）でお生まれになった。鳥取県が「まんが王国」と言われる所以である。

コナンのファンにはたまらない見所は多い。北栄町の青山剛昌ふるさと館、コナン駅、コナン通り、そして鳥取市にある鳥取砂丘コナン空港だ。そこに二〇一七年、「コナンの家米花《べいか》商店街」がオープンし、「食」と「買い物」の街が加わった。コナン作品に出てくる米花町をイメージした商店街だ。今や北栄町は、「名探偵コナンに会えるまち」として知られる。

商店街には、四つの店舗が並ぶ。例えば、コナンの原作にも登場する「喫茶ポアロ」。こちらでは、カレーやパスタ、トーストなどが注文できる。実は、ここにある工藤邸の入り口に備えられたインターホンを押せば、スピーカーからはキャラクターの声が迎えてくれる。

鳥取砂丘コナン空港もリニューアルが進み、喫茶店で毛利小五郎をもてなす安室透の像もでき、昨年は、工藤新一と毛利蘭が初めて出会った米花保育園サクラ組を模したキッズコーナーなども新登場。さらに、今年公開する映画「名探偵コナン　緋色の弾丸」にちなんだ新しいスポットもとの噂もある。

特にファン向けのイベント「名探偵コナンまつり in まんが王国とっとり」は毎年夏の恒例行事となり、ファンの熱気で盛り上がる名物行事になってきた。昨年は新型コロナに配慮して、ネット配信でのイベントとなったが意外にも好評であった。

ちなみに、一昨年シンガポールを舞台にしたコナンの映画「紺青の拳《フィスト》」に「アーサー・ヒライ」というキャラクターも出てくる。たまに質問されるが、残念ながら私とは無関係だ。

これらに加えて、「四十七大戦《しじゅうしちたいせん》」。四十七都道府県を擬人化した抱腹絶倒の漫画だ。各都道府県それぞれに神様がいて、バトルに勝ったら相手を併合するという戦国絵巻さながらのストーリーだ。物語の最初に、極東の果て、日本最果ての地「鳥取」がついに日本の首都となった、という衝撃的なシーンから始まる。順次都道府県間の戦いがコミカルに描かれ、まず鳥取が島根を破り併合する。作者は一二三さんという方であり、一度お会いしたが、この方は覆面作家なので詳しいことは言えないけれども、チャーミングな方だ。どうして、鳥取が日本を平定する着想になったのかお伺いすると、私の「スタバはないけど、日本一のスナバがある」がヒントだったという。まだお読みでない方には、ぜひお薦めしたい。全国各地の特産品や観光地などが、ユーモアたっぷりに紹介されている。

また、人気アニメ「Ｆｒｅｅ！」に登場する景観は鳥取県岩美町だということはよく知られているが、京都アニメーション放火事件後、県内でも追悼と応援の輪が広がった。最近、稲井カオル先生が「そのへんのアクタ」という鳥取を舞台にした作品を出された。「まんが王国とっとり」はマンガ・アニメとともにある。

二〇一八年十月、私は中国の人民大会堂を初めて訪れた。安倍首相訪中と併せて開催された経済交流促進のフォーラムに招かれ、姉妹省の吉林省長とともに講演を行ったのである。私は中国語を交え、日中の大物経済人を前に鳥取県を紹介したのだが、国外に出たときに訴求力があるのは、やっぱりマンガだ。

「『名探偵コナン』の作者青山剛昌先生は鳥取県出身であり、『コナンの街』があります。『ゲゲゲの鬼太郎』の水木先生のふるさとも鳥取です」

マンガは世界共通のコンテンツだ。非常に好意的に受け止められ、期せずして聴衆の皆さんから喝采をいただいた。

「しないではいられないことを、し続けなさい」

水木しげる先生の言葉は、「まんが王国とっとり」を今も支えている。

伯耆国「大山開山千三百年祭」

中国山地の最高峰「大山《だいせん》」。西日本随一のブナ林が広がる。登山客にも人気の霊峰である。この山は、出雲風土記の昔から、「神坐《いま》す山」と表されてきた。

「大山さんのおかげ」

これは大山を仰ぎ見る地域の常套句だ。大山への親しみと尊敬の念がこもっている特別な言葉である。「『大山さんのおかげ』で災害が少なくてありがたい」といった文脈で使う。

大山寺は、七一八年に、金蓮上人によって開創されたと伝えられる。のちに延暦寺系天台宗のお寺となる。山の神と地蔵菩薩とを神仏習合で崇拝する修験場として栄えてきた。鎮護国家の祈願所、山陰の名刹として、中国地方一円の人々から崇敬を集めてきた。

もともとは自然崇拝の信仰の対象で、長く山に人が入ることが控えられてきた。神様がそこにおられるという神聖な山であったが、大山寺の創建や発展の歴史の中で、山伏たちが修験の場とする聖地としての山になっていく。

その大山寺が開かれてからちょうど千三百年の二〇一八年に、伯耆国「大山開山千三百年祭」を執り行うことになった。大山町や米子市など地元の人たちの提案から機運が盛り上がり、県議会からの強い意見もあって、伯耆国「大山開山千三百年祭」実行委員会の事務局を県が担うことになった。

千三百年目の前後を加えた三年間、つまり二〇一七年から一九年にかけて、各種の法要が山では行われたことはもとより、この機会に、私たちが普段気づいていなかったことも含めて、大山を囲む地域が一体となり、魅力を掘り起こし、様々な実践活動を行い、県内外、国内外へアピールすることとした。

千三百年目を機会として、全国行事である「山の日」の記念式典が大山で開催された。さらには、大山の自然や保護などを語るシンポジウム、米子市美術館における「大山山麓の至宝」特別展、山ガールやトレッキングの大会など、幅広いジャンルのイベントが複合的に開かれ、賑わいのある三年間を飾った。

時に猛威をふるう大自然は、普段は穏やかで美しく生命にあふれている。大山は第一級のサンクチュアリだ。ダイセンキスミレやダイセンキャラボクをはじめ、大山山麓を飾り立てるように、希少な植物や生き物たちが数多く息づいている。西日本一のブナ林が四季を彩り、二十種を超える貴重な蝶「ゼフィルス」が舞う。サントリーやコカコーラといった数々のミネラルウォーター工場の水源に選ばれているほど、我が国指折りのおいしい水が大地より湧く。そして、自然の掌の上で育まれる農産物に、清流が育む海の幸。すべて大山がもたらした恵沢なのだ。

自分たちの山は、自分たちで守る。地元のプライドになっているのは、「一木一石運動」だ。信仰の聖地だった大山に登山客が数多く訪れるようになった影響により、登山者に踏み荒らされた大山山頂は、一九七〇年頃から緑が失われるようになる。山肌の保水力が喪失。雨水による浸食溝がいたる所にできてしまい、見る影もないほどに荒れた山に変貌してしまった。山頂は裸地化し、一変して地肌がむき出しになった。

大山の山頂に何とか緑を取り戻そうと、一九八五年に地元の自然保護団体や山岳関係者などが連帯し、行政も加わって、「大山の頂上を保護する会」が結成された。そして、崩落した石を登山者が一つずつ持って山頂に登り、その石で浸食溝を埋めるとともに、苗を植えコモをかぶせて保護し、木道を整備するなど、試行錯誤を繰り返しながら、「一木一石運動」を地道に展開したのである。

これにより、一度は失われてしまった緑が大山山頂を飾ることになり、崩落の危機から救うことになった。このほかにも、山頂のトイレの汚泥をヘリコプターで運ぶことは山頂をいためることになるので、皆で持って下りるキャリーダウンボランティアを二〇〇八年から実施するなど、大切な「大山さん」を地元総ぐるみで守ってきたのだ。

また、大山の千三百年に及ぶ悠久の歴史の中で、数々のドラマが生まれてきた。

大山寺別当信濃坊源盛《しなのぼうげんせい》が、一三三三年隠岐から脱した後醍醐《ごだいご》天皇を擁して、真っ先に船上山《せんじょうさん》の行宮《あんぐう》に馳《は》せ参じ旗を揚げたことが、鎌倉幕府倒幕への道を開いた。後醍醐天皇は、後に源盛の功績に報いるべく大日如来を授けている。日本にお茶を伝えた天才栄西に密教の奥義を教えたのは、大山寺の高僧基好上人《きこうしょうにん》だ。基好上人は、難病の床にあった天皇の御前で、秘法によって病を治したと伝えられている。

大河ドラマで主役の明智光秀を演じた長谷川博己さんのご先祖が、大山寺開山の祖である金蓮上人ではないか、とする言い伝えも残されている。

この国の歴史の歩みとともに、大山はその役割を果たし、見守ってきたのである。

今の鳥取県中・西部となる伯耆国は、古くからわが国を代表する刀の産地であり、「古伯耆《こほうき》」と称される平安中期から末期に伯耆国でつくられた刀剣は、将軍家、源平など武家社会で尊ばれ垂涎《すいぜん》の的であった。中国山地はいにしえより良質の砂鉄が採れるため、それを活用して玉鋼《たまはがね》をつくり刀の材料となる。この流れをくみ、鳥取県日南町大宮は印賀《いんが》鋼《はがね》というブランド玉鋼の産地だった。平安時代には、伯耆国大原に、名工として名高い伯耆安綱という刀鍛冶がいて、歴史的にも名刀の中の名刀とされる国宝「童子切安綱《どうじぎりやすつな》」などの作品を遺している。童子切は、源頼光が丹波国大江山の酒呑《しゅてん》童子の首を切り落とした時の刀と伝えられ、広く知られている。

日本刀といえば「反《そ》り」が入っている形だが、元々中国大陸から入ってきたときには真っすぐの形をしていた。それに反りを入れた方がしなやかで切れ味がよく丈夫であるという「技術開発」を実現し、反りが入った現在の日本刀の原型をつくったのが伯耆安綱であるとされている。

実は、地元ではこうした史実があまり知られていなかったところ、大山開山千三百年祭に向けて光を当てていこうと、関係者が盛り上がった。丁度、「刀剣乱舞」というオンラインゲームがブームとなり、若い女性を中心にこうした名刀への興味が高まっていた。今で言えば、「鬼滅の刃」も同様なのだろうが、時流としては刀への注目が集まりつつあり、祭りのレジェンドとして顕彰しようということになったのだ。

折しも、驚いたことに、「古伯耆」の刀が、奈良の春日大社から発見されたと、全国ニュースになった。春日大社は藤原《ふじわらの》不比等《ふひと》につながる神社で、花山院《かさんのいん》弘匡《ひろただ》宮司も藤原氏の末裔《まつえい》だ。当たって砕けろで花山院宮司に面会を申し入れたところ、快くお会いいただき、発見された刀も春日大社で拝見させていただいた。春日大社には、古来要人から宝物が奉納されるため、家を守る力があるこうした貴重な刀が所蔵されてきたとのこと。崇敬を集めてきた春日大社に舌を巻いた。学芸員が日々整理・研究される中で出てきたのが、古伯耆である。

「ダメ元」で、古伯耆のすばらしさを、一緒に世の中に訴えていくことはできないだろうか、とお願いしたところ、宮司におかれては、これもご快諾いただいた。これにより、春日大社と鳥取県で「名刀『古伯耆物』日本刀顕彰連合」を二〇一八年二月十四日に結成し、東京で共同発表会を行ったり、大山開山千三百年祭の展示も含めて、応援いただけることになったのだ。さすが、この国を守ってこられた春日大社は、懐が深い。春日大社でも、二〇一九年から翌年にかけて、古伯耆約二十点を含む約四十点を展示する展覧会を開催した際には、鳥取県も応援のイベントを展開した。

春日大社にお願いに飛び込むのは、ちょっとした賭けでもあったが、花山院宮司のご厚情を得て、首尾良くまとめることができた。

刀だけに、「勝ったな」。

二〇一八年の「大山開山千三百年祭」メインイヤーには、イベントなどを含めて約二十五万人の来場者があり、盛り上がりをみせた。翌年も十四万人近い観光客があった。

大山を一つのブランドとして、商品を売り出す流れもできた。これも「大山開山千三百年祭」を契機に、関係事業者がまとまってブランド化へ動いた成果である。

例えばお茶の「大山みどり」。デパートなどの贈答品にも好評な「大山ハム」。ギャル曽根さんもテレビ番組で絶賛した「白バラコーヒー」など高い人気の大山乳業農業協同組合。このように、大山にまつわる商品はキラ星のごとくあるが、連携して売り込む「大山ブランド会」という組織が結成された。次第にブランドが浸透し、高島屋、天満屋など色々とデパートなどにも置かれるようになった。また、主に町村レベルをエリアとする商工会では、「大山時間」というブランドを立ち上げ、大山寺の参道にショップもつくって、ヒット商品を生み出している。

「大山開山千三百年祭」の記念式典は、二〇一八年八月九日に、秋篠宮家の眞子様がお出ましになり挙行された。実は、眞子様は、その二年前の十月に、障がい者による芸術の祭典「東京オリンピック・パラリンピックに向けた障がい者アートフェスタ二〇一六」にお成りになられた。その直前に鳥取県中部地震があり、会場の米子は被害がなかったものの、ご訪問はご無理かもしれないと地元は案じていたのだが、眞子様は被災地にも心を向けていただき、鳥取県へお出ましになったのだ。

地震の揺れにより大山寺の観音菩薩像の首が折れてしまった被害があったが、人命が震災で失われなかったことから、「身代わり観音」と呼ばれている。これから修復作業に入りたい、というお話を私から申し上げ、その観音さまの写真をお見せしたところ、眞子様は、「人々の命の代わりに自らこうなられたのですね」とお話しになられた。

「大山開山千三百年祭」のために再びお出ましいただいた際に、「大山山麓の至宝」特別展をご覧いただいた。眞子様は、修復した身代わり観音を目を細めてご覧になっていた。そのお心遣いは、被災者へ温かいお気持ちをいただいたものだと、感謝申し上げたい。また、春日大社の所蔵する刀も展示してあり、花山院宮司がご説明された。

大献灯（大山寺境内）

地元として、貴重な機会となった。大山さんのおかげである。

大山寺の新名物は「大献灯」。夜のとばりがおりた境内で、色とりどりの和傘に照明を当てる美しいイベントだ。眞子様をそちらへご案内しようと、すっかり暗くなった頃に参道を登って大山寺へ歩を進めていた、その時。急に参道の木立の上から鳴き声が。それに眞子様は驚いた表情をされたのだが、大山寺支院「観證院《かんしょういん》」の清水豪賢《しみずごうけん》住職が、「あれはムササビです」と声をあげる。そして再び夜の森は静寂に包まれる。自然豊かな大山の神々が、眞子様を歓迎されたのだろう。大山寺の身代わり観音さまに心を寄せてくださったのだから。

「おお、大山！ いや、大山さん、おんみは私の親父。永遠に慈愛と威厳を持つ、母なるふるさとの父よ。おんみから受けた恩寵のほどは、とてもとても数えきれるものではない」

「絶唱」などの作品で知られる大江賢次は、「望郷」の中で、大山への変わらぬ敬慕を書き綴っている。地元の方言で、ありがとうは「だんだん」という。

私たちの大山への敬慕は、千三百年祭の後も変わることはない。

大山さん、ありがとう。だんだん、大山さん。

「日本一」から「セカニイチ」へ

「蟹取県」も、今では定着してきたようだ。

鳥取県は、カニの水揚量、消費量ともに日本一であるにもかかわらず、知名度では北海道や福井県に劣っている。値段も低めに流通していた。こんな理不尽があってはならないと、捨て身で「蟹取県」に改名した。よく蟹がとれないシーズンはどうするのかと訊かれるが、その時は「鳥取県」に戻すのである。県の名前は「季節モノ」と考えていただきたい……。

二〇一四年から「蟹取県」を名乗り、閑散期の冬の間を中心に、県内にお泊まりいただいたお客様に抽選で蟹が当たる「ウェルカニキャンペーン」を展開している。評判は上々なので続けてきている。

同じズワイガニでも、地域によって呼び方が違う。山陰では、雄は松葉ガニ、雌は親ガニ、若い雄蟹は若松葉と呼ばれるのだが、鳥取県のカニは他県のブランドガニと比較して、値段が安いという悩みを抱えていた。水産業者の所得向上のため、もっと正当な評価を得られるようにしようと話し合い、「五輝星《いつきぼし》」というブランドをつくり、その強化を図ることとなった。高級ブランドにふさわしい厳しい基準とし、甲羅の幅が十三・五センチ以上、重さが一・二キロ以上、脚がすべてそろっていて容姿端麗、色味が鮮やかなこと、身が詰まっていること——この五つの基準を設け、それをクリアするカニにだけ「五輝星」の称号を与えた。五輝星に相当するのは、年間一パーセントにはるかに満たない。ゼロコンマ何パーセントの世界。いわば「幻のカニ」である。その分高値で販売されれば、鳥取県の松葉ガニのブランド全体が引き上げられる。

五輝星がデビューした二〇一五年、私たちはハラハラしながら初セリを見守ったが、なんと一杯（一匹のこと）七十万円の値がつき、他の産地を凌駕《りょうが》して「日本一」の値がついた。落札した仲買の中村商店中村俊介社長は、喜びの一方、これほど高価なカニはなかなか売れないのではと、県で引き取ってくれないかと打診してこられた。県では「かにっこ館」というカニのミニ水族館で展示することとした。「これが日本一の七十万円のカニ　五輝星」と案内をつけて展示すれば、ブランド化に役立つに違いない。ありがたいお話だった。

その年の年末、十二月二十九日。NHKのローカルニュースが飛び込んできた。

「このたび日本一の七十万円で落札された五輝星が亡くなりました」

それだけ五輝星は話題を呼んだのである。

さて翌一六年の初セリ。ここでも値を更新し一杯百三十万円で落札された。一八年には二百万円にまでアップし、日本中を沸き立たせた。

これを県外の皆さんにも知ってもらおうとして、「競りで落札された世界一高額なカニ」としてギネスブックに申請したところ、みごと登録され、世界一が認定された。カニだけに「セカニイチ」とあいなった。

気をよくした私たちは、高値を付けた鳥取のカニに蟹謝（感謝）し、水揚げが始まったば

世界一の最高値500万円で落札した浜下哲爾社長（中央）

かりの美味しいカニを、首都圏の皆さまにも味わっていただこうと、上京。「蟹取県 世界一 カニサマ蟹《カニ》謝祭《しゃさい》」を行った。人気YouTuberの「はらぺこツインズ」に、この日のために作られた、松葉がにをふんだんに使ったスペシャルな巨大弁当「マツバDX《デラックス》弁当」の完食にチャレンジしてもらった。

そして翌一九年、ついに破格の五百万円の値が飛び出した。寒い市場がドッと沸いた。初セリが行われた鳥取港では、二年連続最高値で落札したかねまさ・浜下商店の浜下哲爾社長が、「最高のカニ」と絶賛。一杯五百万円のカニは東京銀座の料亭に引き取られていったという。早速、この記録もあらためてギネスに申請したところ、またしても「セカニイチ記録」が更新されたと発表に至った。

最近では、鳥取県のカニの値段も上向いてきた。

「蟹取県」、「五輝星」、「ウェルカニキャンペーン」。

世の中に訴えるコンテンツをつくり、市場関係者もその努力に協力して、世界一のカニが揚がる鳥取県が見えてきた。

コロナ禍の二〇二〇年度のシーズンは、お笑い芸人ガンバレルーヤのお二人に手伝っていただいた。まひるさんは鳥取県大山町の出身という縁もある。

「いっそ、蟹バレルーヤになってください」とお願いしたところ、ＯＫの返事。

新型コロナや九州の水害など、日本中が元気を出さなければならない。

「コロナや災害に負けずにみんな蟹バレ（がんばれ）！」

という応援のメッセージを展開するように、担当部局にお願いした。実際、コロナ禍が終わらないと、カニの値段も安定しない。昨年度も好調に推移しながら、新型コロナが広がりを見せると、最終盤で値を下げてしまった。今年一月も新型コロナ再拡大で、昨年末の半値に沈んでいる。

ガンバレルーヤさん、もとい、蟹バレルーヤさんが、カニ料理に挑戦した動画を制作して応援してくれた。鳥取で食べたカニ料理をＳＮＳに投稿したり、対象の宿泊施設に泊まると抽選でカニが当たったりと、キャンペーンを打つ。こうなったら「困ったときのカニ頼み」だ。

カニの季節は、鳥取県は全般的に閑散期になる。鳥取の冬は雪が降るというイメージがあって、観光客の足が止まる。そこに、ここでしか食べられない美味しいカニがあることで、観光プロモーションの目玉になる。閑散期も「カニさん期」になればいい。

ここ数年で、浜の皆さんも元気になった。蟹取県のキャンペーンと五輝星の戦略とを組み合わせることで、相場全体の底上げにつながった。新型コロナに負けるものか。

みんな、蟹バレ！

肉質日本一「鳥取和牛」を守れ

「やった！　首席だ。肉牛の日本一だ」

二〇一七年九月、和牛日本一を決める「第十一回全国和牛能力共進会宮城大会」で、肉質日本一を決める「第七区総合評価群の肉牛群」で、鳥取和牛は堂々の全国第一位の快挙を成し遂げた。鳥取県は、鹿児島県、宮崎県をはじめとする有名巨大産地よりも、圧倒的に和牛の生産頭数が少ない。全国から集結した名牛がひしめく中、巨象に挑む蟻のごとく、生産者と一体となり、種雄牛造成や計画交配など惜しみない努力を注ぎ込んだ。少数精鋭の愛牛とともに、大勝負を挑んだ結果だった。

和牛関係者と肉質 No.1を祝って

第一位を勝ち取ったのは、藤井英樹さん、岸本真広さん、西田佳樹さんが出品した三頭。鳥取県畜産試験場が保有する人気の種雄牛「白鵬85の3」の子どもである。横綱の名にあやかって命名した牛の子どもが、見事肉牛の「横綱」となった。三人の出品者は喜びを爆発させ、私も鳥取から会場に集結した和牛関係者と歓喜をともにした。

人口も牛の数も、全国の〇・五パーセント程度しかない鳥取県が、わが国の和牛界を凌駕したのだ。

小さくても勝てる。

「チーム鳥取」で勝ち取った新たな栄光であった。

そもそも鳥取和牛というのは、霊峰大山をはじめ中国山地の懐に抱かれ、澄んだ空気、伏流水などの恵まれた自然環境で育った牛だ。

田畑の仕事に貢献した役牛であったが、牛肉を食する習慣がわが国で定着する時代の流れの中で、日本の和牛改良の端緒を開いたのは鳥取県であったという歴史がある。

国民の食生活の変容に応じて、明治政府は食用牛増産のため輸入雑種牛との交配を奨励したが、交配牛の品質は決してよいわけではなく、鳥取県内で飼われる牛の頭数は急激に減少し、和牛生産農家の経営を悪化させる事態となった。

厳しい和牛農家の経営を再建するため、鳥取県では、本来の優れた和牛形質の再興を図ることで飛躍するために、牛馬市で取り引きされる県産和牛などを基礎として、全国に先駆けて、一九一九年に、日本で初めて一頭一頭の牛を血統に基づき詳細に登録する「和牛登録事業」をスタートした。

和牛改良の端緒を開いたのである。しかも改良目標と血統登録に基づく本格的な和牛の育種改良の基礎を築いたのだ。こうした和牛改良の重要性は広く認識され、全国へと広がるようになる。一九四八年には「全国和牛登録協会」が設立され、和牛改良が急速に各地へ普及していくことになった。

鳥取では一九五〇年に全国最高峰の高等登録第一号に輝く栄光号や、その子孫で全国の銘柄牛の基礎となった気高号を輩出。鳥取県は、我が国における和牛の改良において特別な地位を占めるようになったのだ。

ところが一九九一年の牛肉輸入自由化の頃から「霜降り」といった肉質重視で市場価格が左右されるようになった。そうした市場の変化があったにもかかわらず、鳥取県は、早熟・早肥・大型化が特長である気高系に固執する和牛改良方針を固持し、完全に市場から取り残されてしまう。その結果として、和牛王国としての輝きは影をひそめることになる。

捲土重来《けんどちょうらい》を期して、肉質高度化を図る交配により、産肉能力が飛躍的に向上した結果、鳥取県が保有する種雄牛「百合白清《ゆりしらきよ》2」と「白鵬85の3」の二頭が、二〇一四年に全国一位の成績を次々と塗り替える躍進を遂げ、冒頭の宮城県大会で肉牛部門肉質全国制覇となったのである。

さて、ここへきて、大きな問題が表面化している。

和牛に関する遺伝資源が海外に流出する危機に直面しているのだ。

二〇一八年六月、中国に不正輸出されると知りながら、証明書を添付せずに和牛の受精卵や精液を不正に中国に持ち出すという未遂事件が起きた。世界中で人気を博するようになった和牛の遺伝子が国外へ流出する危険にさらされているという事実を突きつけられ、日本の畜産業界に衝撃が走った。かつてオーストラリアなどに渡った「Ｗａｇｙｕ」が海外で取り引きされ、本家日本の和牛が脅かされかねない状況もある。

その背景には、和牛の受精卵や精液が法的に知的財産として保護されておらず、遺伝資源の流出そのものに刑罰を科すことができない問題がある。

鳥取県では、鳥取和牛のブランド力増強など畜産振興を飛躍的に推進することを目的として、多額の研究開発資金や専門人材を重点投入し、鳥取県独自の種雄牛造成を展開し、「白鵬85の3」などの全国トップレベルの種雄牛を生み出した。しかし全国で本県の種雄牛の名声が高まれば高まるほど、遺伝資源の県外流出が指摘され、関係者から何とかしないと、という声が高まってきた。県民の税金を充て畜産農家の所得向上などを図る趣旨で提供された貴重な精液を県外に流出させてしまう行為を放置すれば、県外でその子牛の生産が可能になり、鳥取県産子牛の市場価格も損なわれかねない。

和牛の遺伝資源を守らなければ——。

二〇一九年五月、法律や和牛の専門家、県内畜産農家等により「鳥取県有和牛種雄牛精液の適正流通に関する検討会」をスタートした。

その議論の中で、そもそも単純に精液を「譲渡契約」で売却してしまうから、売却後に国外や県外に流出する不適正な取り引きが行われる温床になっているのではないか、という指摘が伊原友己弁護士・並山恭子弁護士から出され、私ももっともなご意見だと考えた。それでは、売却ではなく所有権を県に留保した形で、精液を寄託したり使用を許諾したりする全く新しい契約形式を、精液の流通プロセスに導入してはどうか、と先生方にお諮り申し上げた。こうして、特に優秀な県有種雄牛の凍結精液は、その所有権を鳥取県に留保したまま、鳥取県との寄託契約に基づき家畜人工授精師等に提供することとし、また、雌牛を飼っていて凍結精液の授精を望む畜産農家とは、使用許諾契約を締結することとした。こうすれば、不適正があっても、県に残っている精液の所有権によって取り戻せる法律関係になる。これは、和牛の世界では、革新的な改革である。

さらに、鳥取県産和牛の遺伝資源保護や振興を目的とした「鳥取県産和牛の保護及び振興に関する条例」を検討し、二〇二〇年十月、県議会全会一致で可決し、成立した。こうした条例も全国初だ。県有種雄牛の遺伝資源を「知的財産」として位置付ける条例ができ、精液や受精卵など大切な遺伝資源が保護される先鞭《せんべん》をつけることになればと願っている。

「牛の子の大きな顔や草の花」(高浜虚子)

親から子へと受け継がれていく命。国際的にその洗練された形質が高い評価を得ている和牛。

その遺伝資源を守る挑戦は、鳥取でも、日本でも、まだ始まったばかりだ。

第三章　現場の声に耳を傾ける

鳥取県中部地震

二〇一六年十月二十一日。午後二時七分。

携帯がけたたましく鳴った。緊急地震速報と繰り返す。直ちに激しい揺れに襲われる。

「鳥取県中部地震」であった。

倉吉市であった内閣府の催しから鳥取市の県庁に引き上げるため、車で移動していた。途中、直前の地震で震度四だった北栄町の土下《はした》に寄ったが、何もなさそうだと安心しかけた時だった。マグニチュード六・六。とても強い地震だ。直前の地震は、今の激しい地震の前震だったのだと気づいた。四月にあった熊本の地震に似て、前震の後に本震が来たのだろうか。

すぐさま対策本部を県庁に設置。被害情報の収集や関係方面との災害対策の調整にとりかかる。さっきの地震は、横ずれ断層だという。山陰ではよく見られるタイプで、二〇〇〇年の鳥取県西部地震も横ずれ断層だった。後に判明してきたが、瞬間的な揺れのエネルギーのレベルとしては、加速度が約千五百ガル。半年前の熊本地震や阪神・淡路大震災よりも強かった。現に大阪の「あべのハルカス」まで揺れたという。ただ、周期が短い揺れが中心だったという特徴が、この後明らかになる被害の内容や災害復旧に影響してくることになる。

道路の被災箇所が続出している。とりあえず通行止めにして、仮復旧を手配しよう。水道が出なくなっている。給水車を手配だ。ガスは。電気は。学校はとりあえず下校。次から次へ。判断を下しては、職員が走り回る。

時折余震が来る。その度に緊張感が走る。

日のあるうちにと、防災ヘリコプターを飛ばして、空から鳥の目で被災状況を確認する。あちらこちらに、道路沿いの崩落箇所やら、倒れた家屋やら、カメラ映像が目に刺さる。胸が痛むが、心を奮い立たせることが肝心。

厄介だったのは、倉吉市役所が被災して立ち入り不能となってしまい、市の災害対策本部を機能させることが困難になってしまったことだ。早速石田耕太郎市長の携帯電話に繋いでもらった。

「市長、大変ですね。市役所に入れないとか」

鳥取県中部地震で被災した白壁土蔵群（倉吉市）

「そうなんです。市の災害対策本部の場所が」

「それなら、市長もよくご存じでしょうけど、県の中部総合事務所に倉吉市の本部が設置できるように準備しましょうか。あそこなら災害用の電話回線も使えますし」

「ありがたい。お願いします」

あれやこれやと、ひととおり指示を発し、一区切りついたところで、夜になるだろうが、ともかく車で現地に入ることにした。現場主義は災害対策の鉄則だ。

「災害は会議室で起きてるんじゃない。現場で起きてるんだ」

そんなドラマがあったっけ……。

出がけに危機管理局長から耳打ちされたのは、お一人、三朝町の高齢者が行方不明だとのこと。前震だった地震がやんだ後に、山に入ったそうで、本震の後姿が見えないという。探しているが見つからないままだ。

「見つからなければ、明日自衛隊にもお願いして山狩りだな」

そう答えて、被災地へ向かった。お年寄りが無事ならいいが。

倉吉市から順番に、揺れの厳しかった地域を回る。

倉吉駅前辺りは、ビルの壁が剝がれ落ちて、店の中も何もかもひっくり返っている。顔を合わせる住民の皆さんに声をかけると、平井が目の前にいるのにまず驚き、何かしら情報を教えてくれ、すぐに必要なことを訴えてこられた。時折、取材するテレビクルーとも出会う。おそらく全国から集まってくるのだろう。

市長・町長を役場などの対策本部に訪ね、各般に及ぶ被害状況を共有し、主な被災箇所へも立ち寄る。それぞれに優先度の高い災害復旧箇所や支援について話し合う。これを繰り返した。市や町によって、被災の程度も状況も異なる。だからオーダーメイドで対策を組む。

湯梨浜町《ゆりはま》や三朝町など、避難所にもお伺いした。避難したお年寄り、幼い子ども。皆さん不安な表情で、慣れない様子で避難所に陣取っておられる。弁当も届き始めたようだ。湯梨浜町の避難所で声を張り上げお見舞い申し上げていると、強い余震が。小さな子が母親にしがみつくのに、言葉が詰まった。

「この避難所にいれば大きな揺れがあっても大丈夫です。ご安心ください」

改めて声を張る。

現場をみて印象深かったのは、地震のエネルギーが大きかった割に、意外に倒壊家屋が少ないように見える。ところが、屋根がほとんどと言っていいほど傷んでいることもわかった。いわゆる半壊、全壊は少なそうなのだが、それなら少ないはずの一部損壊の家屋は極めて多い。何が起こっているのだろうか。不思議だけれども、このような特殊な被害状況では、住宅復旧の支援制度が適用できなくなるかも。災害支援のスキームは、なかなか難しそうだ。災害対策は、現場で起きた問題に一つ一つ対応していくことが基本だと、拙《つたな》い自分の経験で学んでいる。

大きな自治体であれば、被害状況の報告とりまとめや庁内外の折衝などでかなりのエネルギーを費消してしまい、対策実行に着手するのに時間がかかりがちだろう。それに対して、鳥取県は所帯が小さい。こまめに市町村長と連絡をとりあい、早め早めでやるべき対策を打っていけば、災害の復旧・復興は早く進めることができるはず。あきらめずに思い切ってカードを切る度胸さえあれば、小回りがきく方が対策は機動的・効果的に展開できる。財力はなくとも、行動力で補う。

あいにくなことに天候が危惧《きぐ》される予報だった。屋根の損傷が余りにも多そうだったので、ブルーシートを地震の翌日に張る方がよさそうだ。備蓄用に確保しておいたブルーシートをかき集めた。隣りの兵庫県の井戸敏三知事や災害応援協定のある徳島県の飯泉嘉門知事から電話がかかってきて、ヘリコプターで運べると声をかけていただき、甘えることにした。各方面にお願いして、二万数千枚集めて配り始めた。しかし、翌朝倉吉市で配布を呼びかけると、長い行列ができた。とても足りない。震災翌朝なので全体像は分かりかねたが、最終的に被災家屋は約一万五千棟になったのだから、当然であろう。それだけ被害がひどかったということだ。熊本地震で鳥取県は救援に向かったご縁から、すぐさま熊本県から多数のブルーシートが提供されるなど、とりいそぎ四万七千枚ぐらいが調達できた。

同時進行で、各市町でボランティアセンターを立ち上げることとした。発災が金曜日だったから土曜、日曜がひとつの勝負どころになると考えた。設立するところには、県の社会福祉協議会や、鳥取県西部地震の経験のある日野ボランティアネットワークの協力を得よう。被災家屋の罹災《りさい》証明申請手続きの受付を市町村によっては開始したいというところもあり、そのための人材を集めよう。

地震の翌朝七時前のこと。私の携帯電話が鳴った。電話を取ると森下洋一さんだった。鳥取県中部森林組合の組合長である。

「知事さん、みつかったで」

開口一番そう言った。

「朝からみんなで捜し回ったら、集落からはずれたところに倒れとった。いま病院に運んだけえ」

昨日見つからなかったお年寄りが、無事見つかった。ひとまず胸をなで下ろした。三朝町の消防団、近隣の皆さんが、夜明けとともに捜索を開始して探し当ててくれた。集落の絆の深さ、消防団などボランティアの行動力、すべてに感謝だ。

結局、鳥取県中部地震で亡くなられた方は、こうして一人も出なかった。

日頃からよほどお互いの見守りができていなければ、こうした救出劇にはならない。当時、大阪からその集落に引っ越してきたばかりの若い女性が、後にこう話してくれた。

「あれはびっくりした。大阪だったら絶対にみつかってない。鳥取ってすごいと改めて思いました」

小さなコミュニティの絆の強さを物語るエピソードである。

「災害対応力」というのは、つまるところこういうことなのではないかと思う。地震の際、避難や応急支援などが円滑に進んだのは、普段から自主防災活動などに住民が熱心に取り組んだ集落だ。

鳥取県では、「支え愛マップ」を推奨している。マップづくりを通じて、災害危険箇所の情報を集落皆で共有したり、避難するときに自分で逃げられない要支援の方々を助け出す担当者を決めたりする。日常からそうした意思疎通ができているところは、避難活動や初動救助がうまくいった。

こうした防災文化は、小さな県だからできやすいのかもしれない。でもまだ十分とは思っていない。こうした支え愛マップや自主防災組織を、積極的に進めている。

災害の場合、処理しなければならないことはそれこそ山ほどあって、鳥取県も面積はそれなりに広い。各自治体の首長とすりあわせが欠かせない。そういうときに威力を発揮したのは、以前から整備を図ってきたテレビ会議方式である。市町村長はそれぞれ自分の役所にいながら、テレビ会議で連日議論した。大きな組織ではこういう会議をするために、ロジスティックスと称して、舞台回しをし、発言内容も決めた上で、会議を始める例は少なくない。だが、鳥取県はすべてガチンコだ。結論は会議で決めればよい。

新型コロナとの闘いも、シナリオはあらかじめ作れないはずだ。相手は変幻自在のウイルスだからだ。原稿を読んで発言しているような他地域の会議がニュースで流れると鳥取県庁が素朴な自治体だからだろうか、私たちの目線からは不思議議である。

私たちにとっては、新型コロナも災害も、命がかかった真剣勝負だ。

すべての被災住宅を支援し店舗なども助成

鳥取県では、鳥取県中部地震を契機として、地震から三日後の二十四日に、被災住宅すべて、一部損壊家屋も含めて支援対象にすることを決定し、翌二十五日にはそのための補正予算を議会側に説明した上で専決処分により成立させた。被災者の方々に、なるべく早く復旧・復興に向けた見通しをつけていただくために、急遽従来の補助スキームを抜本的に拡充したのである。他地域には例のない支援制度となった。

鳥取県中部地震の大きな特徴の一つは、被災家屋が異常に多いことだった。日を追うごとに増えていく。しかも厄介なことに、ざっと街をながめただけでも、国の補助対象となっている損害割合四十パーセント以上の大規模半壊に至らないケースが圧倒的に多く見られた。さらには、損害割合二十パーセント以上の半壊にも届かない一部損壊家屋にとどまる割合が高そうで、現行補助制度のままだと、県・市町村共同で出資している地域独自の被災者住宅再建支援制度すら、多くは適用できない状況になる、と先を読んだのである。地震を契機に家を放棄してしまうような状況は、是非とも避けたい。地域で被災者を応援する姿勢を迅速に打ちだそう。そういう思いで決断した。

後日分かったことだが、地震のエネルギーが強く被災家屋が多くなった一方、周期の短い揺れが主体だったので倒壊とはなりにくかったということだ。地震の特徴によって、被災状況も変わるのである。

熊本地震の余韻さめやらぬ頃で、熊本での復旧・復興に苦労されている様子が報道されていた。住宅被害は多くの住民にとって最大の課題となる。しかし、国の当時の支援制度は損害割合四十パーセントが基準となっており、これにあたれば最大二百五十万円の支援が受けられるが、三十九パーセントであってもこの基準に達しなければ、一円たりとも補助は出ない仕組みになっていた。現在は三十パーセント以上の中規模半壊まで国の支援が出るように拡充されているが、やはりオールオアナッシングで、二十九パーセントでは補助が出ない。

熊本などの被災地で、この被災住宅支援の仕組みが、震災復旧でただでさえ忙しい現場の市町村職員をさらに苦しめていた。この四十パーセントか三十九パーセントかは、職員がその家を見て点数化して決めるので、公務員らしく適正に判定するのだが、どの被災者も深刻な被害だと意気消沈しておられるため、わずかな損害割合の差で補助金がゼロとされた被災者は、納得しがたいと不服を申し立てることになる。再審査については、さらに詳細な調査や点数付けをする制度で、一軒ずつ見て何時間もかかってしまうことから、この再審査の手間が膨大なものになる。実際、このことが原因となって、熊本地震から半年経過したにもかかわらず、当時熊本では住宅支援が進みにくい所もあった。

損害割合でオールオアナッシングになる助成制度ではなく、地震で壊れたら支援します、支援の額は小さな被害ではそれなりの額になります、というように、切れ目なくすべての被災世帯が支援対象となるようにすれば、被災者の気持ちに合い、職員が異常に損害割合評価に忙殺されることなく、本来急ぐべき様々な復旧・復興事業を進めることができるだろう。災害対策が円滑に展開できるようにするためには、被災者が納得でき再審査に殺到しない、実情に沿った制度に改めるべきだ。全国的には突出した大胆な構想だけれども。

「すべての被災家屋を対象にした、被災住宅支援制度にしてはどうか」

二十三日、被災地を巡回する車中から、市長・町長に次々と電話をかけ、そう提案すると、全員が「それはありがたい」という反応だった。ただ、震災直後である。財政負担は心配だ、と仰る。私からは、それなら今は緊急にやらなければいけないので、とりあえずは県の負担で一部損壊への助成は始めることにしましょう、また落ち着いてから後々県・市町村で出資する共同支援事業に位置づけるのではどうでしょうか、と申し上げた。こういう協議を経て、皆了解し、翌日急遽開催した「鳥取県被災者住宅再建支援制度運営協議会」で、被災地以外の市町村長も含めた承諾を得て、鳥取県ではすべての被災家屋が対象となる全国でもユニークな助成制度がスタートすることとなったのである。

また、商店街の喫茶店など、個人営業のお店も被災していることについても、思い切った支援を行うことにした。

全国的には、事業者の被災支援は融資制度にとどまっている。おそらく、営利企業については公的な補助金を支給することについて、行政として控えるべきとの伝統的な考え方があるのであろうし、特に震災のような面的に大きな被害が広がる大災害においては、事業者に支援することが莫大な金額になると想定され、企業の自助努力で復旧・復興してもらうべきだ、と長年定着してきているのだろう。

そのため、鳥取県でもこの度の震災対応として、直ちに、県の制度融資である「災害等緊急対策資金」に「鳥取県中部地震対応枠」を新設し資金を用意し、その後、融資としては破格になるが、「鳥取県中部地震復興支援利子補給制度」を創設し無利子化をするとともに、「鳥取県中部地震復興支援保証料軽減補助制度」を新設して保証料負担も無償化して、事業者を特別に応援することとした。

ところが、石井啓一国土交通大臣が被災地視察に来られたときのこと。大臣と一緒に倉吉市の避難所に行って、訪問を終え次へ向かおうとしたとき、お年を召した女性が私の手を握ったまま、感極まったのか手を放さなくなってしまった。女性にしては結構力強く手を握ったまま、訴えかけるようにこう言った。

「知事さん、もう一度チャンスをください」

聞けば、小さなお店をやっているという。さらにこう続けた。

「無利子融資制度はありがたいですけど、もうこの年だと借金する元気もありません。大きな額でなくてもいいんですけど、ちょっと修理するだけの支援はできませんか」

大臣が前を歩いているので、ゆっくり話ができず、

「よく話はわかりました。検討させてもらいます」

と言って、ようやく手を離してもらって別れた。

大臣が帰られてから、すぐに商工担当部局と相談した。

いっそのこと、災害対策でのタブーを破って、お店の復興になるような助成制度をつくろう。そんなことを考えるのは鳥取県ぐらいだろうが、確かに高齢者の零細経営の場合、無利子融資では実際には救済手段にならないのだから。大きな額の支援でなくとも小さなお店の再挑戦を可能にするぐらいの規模感なら、検討の余地はあるはずだ。

こうして、「鳥取県版経営革新総合支援補助金〈復旧・復興型〉」という助成制度を創設す

ることとした。上限二百万まで事業費の三分の二以内で、施設・設備の新設・改修・整備を支援する制度で、原則として震災前への原状回復を目的とするものに限ることとした。イメージとしては、住宅の復興支援と同じように、その程度の範囲内で助成を店舗向けにも考えようというものだ。全国的には例がないが、商店街がなくなって街の明かりが消えてしまっては、災害復旧事業に巨額を投じた意味すらなくなってしまう。

この補助が功を奏したのだろう、震源地に近く、かなりの被害となった倉吉市でさえ、地震で廃業した店舗は一つもなかった。倉吉商工会議所の皆さんは、この補助金ができたおかげで奇跡が起きたと評価してくださった。

こうした発想は、現場を歩いて、耳を傾け、それで初めて出てくるものである。

壊れた家の屋根の修理も、常に震災対策の焦点だ。いつまでもブルーシートに覆われた屋根があると、震災のイメージが消えない。どこの被災地でもいかに早くブルーシートをなくせるか、精力を傾けるものだ。

鳥取県は小さな県。地震で壊れた約一万五千の家の瓦屋根を修理するのは、県内の職人さんだけでは正直難しい。この課題にどこの被災地も向き合わざるを得ないのだが、県外業者を入れないとする地域では、復興が遅れる傾向がある。事業者の利害も絡みうるので、デリケートな問題だ。

率直に鳥取県瓦工事業組合の清水雅文理事長に、どうしたら早く施工できるようになるか相談してみた。ここ数日満足に寝ておられない疲れた表情を浮かべながら、清水理事長は、県外の職人を鳥取県の組合の下で働いてもらうような形にすれば集められるし、県内事業者との折り合いもつく、という。そこで、このために県外から出張に来ていただく費用を県で支援する制度を創設することにした。また、防災瓦の普及も図ることにした。

その後、こうした工事業者を頼む相談窓口を県で支援して設置することとなり、瓦工事業組合の清水さんや、建設業協会の下本八一郎会長はじめ、建築、左官、板金などの関係団体を集めて、二〇一六年十二月八日に、中部地震住宅修繕支援センターを中部建設業協会井木敏晴会長のご配慮で、中部建設会館に開設することとなった。

住宅復興も、様々な方々が心を合わせて推進しないと、なかなか前へ進まないものである。

こういう住宅対策や商店街対策をはじめとして、様々な課題を地域の皆で話し合うため、「中部地震復興会議」をつくった。市町村はもとより、観光業者や商工業者、ＮＰＯなど、どうすれば復興が進むかについて知恵を出し合ったのだ。そこで出た要望に、一つ一つ丁寧に助成制度をつくったり、マンパワーの手配をしたり。鳥取県中部地震は比較的早く復旧・

復興を進めた、と防災の学者・専門家からもご評価をいただいているのは、こういう小さな県の絆を生かせたからだろう。

　翌年十月十二日。ほぼ震災から一年が経とうとしたとき、倉吉銀座商店街の交差点にある喫茶店を訪ねた。あの避難所で手を離さなかった沖江厚子さんの喫茶「アロー」が、無事修繕を終えて復活したのだ。ここはカラオケが据えられ、地域の皆さんの交流の拠点になっていた。どうしても歌えと沖江さんに言われ、人前であまり歌わないのだが、長渕剛さんの「乾杯」を歌った。意外に上手、とほめてもらった。涙が出そうだ。

　喫茶「アロー」と復興を頑張った皆さんに、乾杯だ。

災害ケースマネジメント

　鳥取県中部地震から何カ月・何年というような節目ごとに、ブルーシートにメディアも注目する。ブルーシートがなくなることが、復興が進む象徴のようになってくる。

　鳥取県では、発災三日後に全住宅の復興支援を断行すると思い切って決定したことや、工事施工業者などの協力もあって、同じ頃に地震の起こった熊本や大阪などに比較しても、みるみるうちに屋根の手当てなど修繕が進み、一年以上経過した頃には、ブルーシートに覆われた「青屋根」の景観は様変わりしてきた。現に、震災一年後には、ブルーシートのかかった屋根は元の十五パーセント程度まで、鳥取県では大幅に減らすことができた。

そういう中でも、もう空き家になっているなど、元々修繕困難なケースもあり、なかなか手がつかない世帯もあった。その背景や要因を市や町と一緒になって、調べてみたところ、社会福祉的支援を必要としているケース、健康上の課題や多重債務など経済的課題を抱えている世帯、修理の見積もりをしたら高額だったことでストップしてしまった事例など、様々な事情が、修理が進まない個々の家にあるということが分かってきた。

通常の自治体ならここで諦めるかもしれない。しかし、補助制度などで効果的に街の復興をできる限り進めていった結果として、こういういわば福祉的アプローチなどを必要とするケースのみ残され、顕在化してきたのではないかと考えた。

この人たちを何とか助け上げることはできないか。

そこで、二〇一八年二月、中部地震復興会議を倉吉で開催し、アメリカの「ハリケーン・カトリーナ」などで導入された「災害ケースマネジメント」を導入してはと問題提起を行った。これは、該当世帯の実情に即して話し合いをすすめながら、福祉、保健、生活保護などの行政機関、ファイナンシャル・プランナー、民間支援団体、弁護士、建築専門家などが協力して、各世帯に応じた解決策を検討支援する仕組みである。

鳥取県で行われた災害ケースマネジメントでは、さまざまな職種の人たちに集まってもらった。県、市町、震災復興活動支援センターおよび県弁護士会、県建築士会、県宅地建物取引業協会、日本ファイナンシャル・プランナーズ協会などである。これらが「生活復興支援チーム」を結成し、被災者の生活復興支援を行うこととした。

具体的には、市と町が戸別訪問などにより被災者の実態調査を行い、住宅面、資金面、健康面などの課題を洗い出し、課題に応じた生活復興支援チームを編成し、それぞれの課題に応じたオーダーメイドの生活復興プランを作成していく。従来の復興支援事業は、災害対策の国や自治体の補助メニューの目線でしか考えない。いわば供給側の論理に立つ。しかし、災害ケースマネジメントでは、逆にいわばカスタマーサイド、利用者＝被災者側の視点に立って、寄り添うアプローチで解決策を練っていく。

例えば多重債務を抱える人に、ファイナンシャル・プランナーが関わって解決に向かったこともある。理不尽な網に絡まっていれば弁護士の出番だ。こういうケースなどは、生活保護の支援が適切な場合も多い。障がい者支援制度などの各種の福祉施策とつなぐことも。家の修理方法も多種多様にあるので、安くて実効性のある修繕を建築専門家が提案して、ブルーシートがとれて立派に復旧した例もある。

実践活動の積み重ねを基に、ボランティアで結成された復興支援隊「縁《えにし》」などと連携してリーズナブルに屋根を修理する支援事業を創設した。また、瓦工事業組合などのご好意を得て、一定の額に収めながら適切な修繕を行う県独自支援も創設した。

実際にあった例を紹介しよう。

「縁」が屋根修繕をするために訪問した家の世帯主が、認知症かもしれないと疑われ、近隣に住むご家族との折り合いが悪く、修繕に着手できる状況ではなかった。そこで県が設置した「震災復興活動支援センター」と地域包括支援センター・居宅介護支援事業所が連携しながら支援することとし、家族の援助も進み、瓦工事業組合の協力により屋根の修理が実現した。世帯主の方は、その後、介護保険サービスを受けながら、生活している。

このほかにも高齢夫婦のみの世帯で市役所職員が訪問しても役所に不信感を抱いているようで、ブルーシート解消の働きかけに応じようとしなかったケースでは、震災復興活動支援センターで対策を協議し、ご本人が信頼している左官業者や近所の民生児童委員の協力を仰いで説得し、屋根の修繕にも道が開けた例などなど。

「災害対策はこういうものだ」というように、画一的な議論を国全体でやるけれども、それでは一人ひとりの生活の実情にそぐわないことがでてくる。災害ケースマネジメントは、他の手法に比べて丁寧に解決を見出すことができる有効な手法だが、行政的には手間のかかる手法でもある。しかし、鳥取県の場合、支援制度を充実させ住民の皆さんが早期に対応していただいたため、ブルーシートの残る世帯が極めて少数となってきたので導入することができた。

二〇一八年三月に閉会した県議会で、災害ケースマネジメントの制度化を盛り込む「鳥取県防災及び危機管理に関する基本条例」改正が、可決成立し、全国に先駆けて、条例に基づき、災害ケースマネジメントの手法が位置づけられることになった。

こうした地道な活動で、鳥取県中部地震で被害を受けた家屋のうち、修理がままならない家は一パーセントぐらいまで減った。家の数にして百五十軒ほど。そのうち住宅用として使われているのは六十五軒ぐらい。その四十軒以上は解決に向けて動き出している。このように復旧・復興を進めて、「福」をもう一度興していく。

鳥取県は、小さな県であるが故の小回りを活かして、素早く「復興」を進めた。被災地の皆さんは、努力を重ねて、幸せを興していく「福興」へ進み、更に幸福を高めていく「福高」へ向かおうと頑張っている。毎年倉吉の街では「福高祭」が開かれるようになった。ホップ、ステップ、ジャンプだ。

それができるのは、鳥取には、人の絆があり、「顔が見えるネットワーク」がしっかり築かれているからである。だからこそ市町村も企業も農業団体も、皆が一体となりながら、迅速に対策を進めることができるのである。

来年度以降は、この災害ケースマネジメントの手法を、県中部のみならず全県に普及していこうと話し合っている。

不登校の子どもに手を差しのべる

小・中学校における不登校児童・生徒は、全国で増加傾向を示している。様々な要因があるのだろうが、居場所を失った子どもたちが日本中で増えている。一昔前なら教室にいないということは学びの機会を失うことを意味していたが、技術や生活様式の変革によって、新たな光が当たり始めている。

鳥取県の国公私立学校の状況をみてみると、小学校で不登校になっている児童が二〇一三年度には百三十人だったが、一五年度百五十四人、一七年度百六十五人となっている。中学校では一三年度には三百八十人だった不登校生徒が、一五年度四百三十四人、一七年度四百八十一人と、いずれも増加傾向だ。

不登校の子どもが学校に行かない間、どんな生活を送っているかを調べてみると、六割前後が家で自由に過ごしていて、学習機会が得られないままの子どもが多いことがわかった。それが学校への復帰や進路選択の妨げになっている場合もある。

そうした子どもたちにも学ぶ権利はあるし、教室に行かないことを選択した子どもは、必ずしも学ばないことまで選んでいるわけではない。技術開発を活用しながら何らかの工夫ができないものか。そこで、ICTを活用した教育機会確保に乗り出すこととした。

鳥取県では、二〇一九年度に、eラーニング教材「すらら」を使ったICT教育を導入した。これは、株式会社すららネットが提供するインターネットを通じた学習教材だ。「すらら」を使えば、小学一年生から高校三年生までの内容が学べる。どの学年からでもスタートでき、年齢や学年にかかわらず、自分のレベルに合わせて自由に学びたい学習内容を選んで、画面上のキャラクターとの対話で勉強する。文字だけでなく、音声やイラストなどを活用して学ぶ多感覚学習方式だ。

この学びには伴走者がいる。自宅学習支援員で、すべて小学校や中学校での教員経験者である。この支援員が、パソコン上で子どもの学習の進捗《しんちょく》状況を一括管理し、つまずきが生じた場合などは、メールや家庭訪問などでサポートしていく。パソコンやネット環境が整わない家庭には、セルラータイプのｉＰａｄを貸与する。

このｅラーニングを利用することで、着実に成果につながっている。二〇一九年度は、小学生一人、中学生十六人、高校生年代五人の計二十二人が利用したところ、自宅での学習でも、学校における出席扱いになった中学生が十二人いた。また、登校につながる動きが出た生徒が数名。高校生年代の中には「高等学校卒業程度認定試験」に合格した生徒も一人生まれている。二〇二〇年度も、中学生二十七人、高校生年代七人の計三十四人が利用している。

こうした「ホームスクーリング」の支援に関しては、市町村教育委員会からもニーズが高いという声が上がる。文部科学省でも、本県のこの試みがモデル的事例として紹介された。

ホームスクーリング以外にも、フリースクールを通じた支援を充実させてきた。

鳥取県では文部科学省の制度化に先駆けて、総合教育会議の前身となる「教育協働会議」を創設し、教育委員と知事、更に私学関係者やＰＴＡをはじめとした民間有識者を加えて、住民目線で開かれた視野を教育行政に注入する仕組みを導入していた。この教育協働会議や現在の総合教育会議で、度重ねて不登校の課題を取り上げてきた。その中で、フリースクールに通った日数を出席日数として認める制度、フリースクールに対する県の支援制度など、民間の活力を生かした不登校対策を議論し、実現してきた。こうして、不登校支援としては、国事業も一部活用しながら、フリースクールの運営費、授業料、通学費など全般にわたって支援をしている。

学校に行けない子どもの理由はさまざまだ。いじめや引きこもりが原因で学校に行けない子どももいれば、病気で入院しているために、学校に行きたくても通えない事情を抱えている子どももいる。

病院で過ごす子どもなどのために効果を上げているのが、コミュニケーションロボット「ＯｒｉＨｉｍｅ《オリヒメ》」だ。

オリヒメの背丈は高さ二十一・五センチ。顔と胴体と手があり、愛らしいしぐさが人気だ。このロボットは、病院にいる子どもの分身となり、映画のアバターのようにもう一人の自分になってくれる。例えば、病気で学校に行けないＡさんがこのオリヒメを使う場合、オリヒメを学校のＡさんの机の上に置く。オリヒメと病室のＡさんはインターネットでつながっている。例えばＡさんがタブレットでネットにつないでいる場合、オリヒメに内蔵されたカメラがとらえた教室の様子をタブレットで見ることができる。板書も見える。マイクも内蔵されているから、先生の声、クラスメートの声もインターネットを通じて聞こえる。オリヒメにはスピーカーも内蔵されているので、病室のAさんが先生の「この問題わかる人?」という呼びかけに答えることができる。オリヒメの手をタブレット操作で動かし、挙手することや、「困った」というポーズをすることもできる。首も動くので、「わからない」と首を傾けてみたり、「そうそう」とうなずくことも可能だ。学校の休み時間に、友だちとオリヒメを介して、いつもどおりにオシャベリ。イマジネーション豊かな子どもの世界なので、興味と愛情をオリヒメに向けてくれるのだ。

まさに分身であり、分身以上のものかもしれない。

ZoomやSkypeといったテレビ会議システムと違うのはここで、オリヒメがいることで、あたかもAさんがいるかのような状態をつくりだすことができるのだ。また、テレビ会議システムでは、双方の顔が退出したりしない限り映り続けるが、オリヒメの場合は、病室のAさんの映像は教室の友だちに見られることはない。病室の様子、パジャマ姿などが映し出されることはない。教室にいるオリヒメがAさんだ。

鳥取県では、オリヒメを活用した病気療養児の遠隔教育の研究を、二〇一七年度から二年間、日本財団と共同して実施した。県内三校(小学校一校、特別支援学校二校)で研究事業を実施したところ、学習参加や学校への復帰に大きな効果があることが実証された。

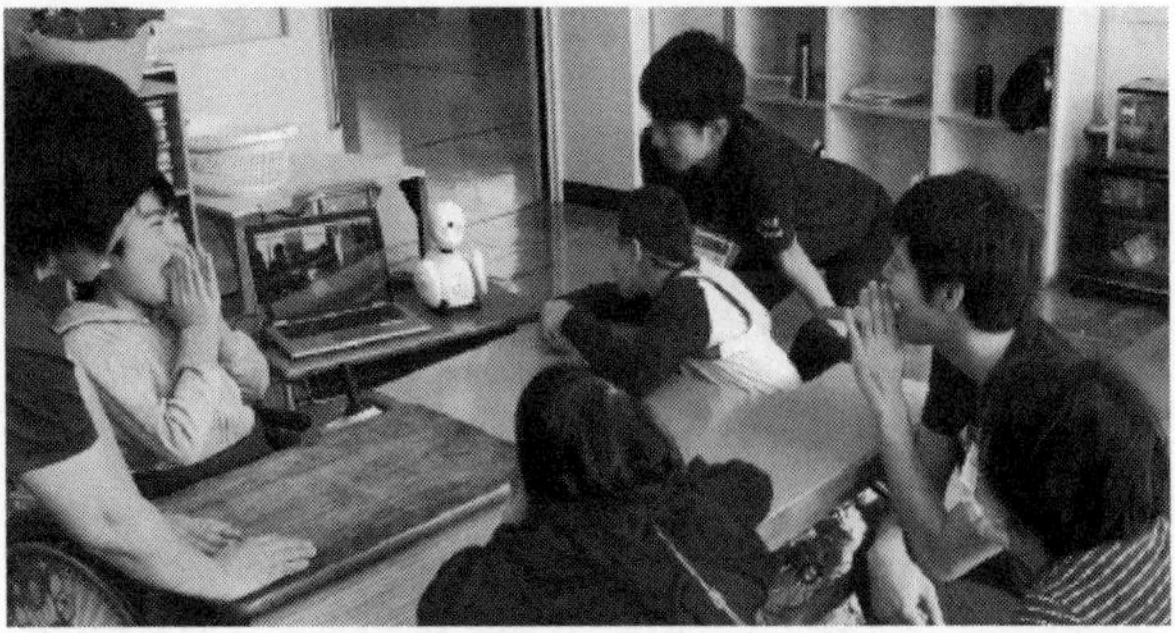

オリヒメといっしょに賑わう教室

「病院や家から外に出ることが難しい児童生徒が授業に参加できる」

「意思表示が難しい児童生徒のコミュニケーションが可能になる」

「入院中なども友だちとのつながりを実感できる」

友達とのつながりを実感できるのは、ずっと教室の机の上にいて、一緒に授業などを受け、授業の合間にもコミュニケーションが自由に取れるからである。子どもたちにとって、友達がロボットであるのは楽しい。だから人気者にだってなれる。

考えてみれば、私たちにとって体は代えのきかないものであり、自分の内面と一致して存在するということが常識であったのだが、オリヒメによって、自分たちの内面が「体」という外見と切り離して活躍しえるのだ。

二〇一九年度からは、オリヒメを三台から八台に増やし、県内の全公立学校に対象を拡大。利用した学校からは、「非常に有用な支援機器である」と評価を受けた。オリヒメが学校現場に認知され、二〇二〇年末現在、小学校二校、中学校五校、高校一校、特別支援学校三校と、幅広く利用されるようになった。

オリヒメを都道府県事業として導入するのは全国初めての試みで、全国知事会において、二〇一九年度教育・文化部門優秀政策第一位という評価を得た。

オリヒメには色々な活用の仕方がありえる。

現に鳥取県では、このオリヒメを使って、障がい者が大山の登山を楽しむなど、様々な活用が図られるようになった。障がいがあって車いす生活の人が、カフェの店員として、遠隔で注文をとって、お客さまにサービスするという実験も行われていて、ますます楽しみなロボットである。

場所が離れ空間的には距離があっても、それを乗り越えて人が活躍できる技術は、不登校の子や障がい者などのチャンスを広げる。私たちは往々にして人間の可能性を小さく見すぎてはいないか。技術の力で、私たちはもう一人の自分をつくり出すことだってできる。

病気やケガでずっと病室にいても、何らかの事情で学校に行けないと思っていても、「学校にいられる」。

小さな県だからこそ、そんな一人ひとりの子どもの夢に寄り添っていく。

「あいサポート運動」の展開と障がい者の芸術・文化振興

The full and equal enjoyment of all human rights and fundamental freedoms by all persons with disabilities....

二〇〇六年、国際連合において障害者権利条約が採択され、「全ての障がい者によるあらゆる人権及び基本的自由の完全かつ平等な享有」を目指すと宣言された。そして、わが国でも、条約に基づく「障害者差別解消法」が、二〇一六年四月になってようやく施行された。この法律に盛り込まれた障がい者への「合理的配慮」という言葉は、十九世紀のアメリカに遡るという。

しかし言葉だけでは何も変わらない。現実の行動のみが、理念に命を吹き込む。そのための実践活動が重要であり、広く真の共生社会についての理解が共有されなければならない。

鳥取県では、二〇〇九年十一月二十八日から、国の法制定に先立って、障害者権利条約の理念を実現するため、「障がいを知り、共に生きる」をモットーに、一人ひとりが学び行動する「あいサポート運動」をスタートした。地域で共に生きる住民が多様な障がいの特性を理解し、身近にできる手助けや配慮を実践する「あいサポーター」となり、これを支える企業や団体なども参画する草の根運動である。「あいサポート運動」のテキストは鳥取県で作成したが、それぞれの障がいの特性について学び、同じ地域社会で共に暮らす「パートナー」として、障がい者と接する際の配慮すべきことをいわば「マナー」と考えて習得するものである。「配慮してやる」という上から目線では駄目だ。同じ人格を持った人間同士なのだから。

あいサポーター研修の教材

人口最少の鳥取県で始まったあいサポート運動の輪は、中国地方の各県をはじめとして、長野県、奈良県など日本各地、さらには海外へも拡大し、今や「あいサポーター」の数は五十五万人を超え、鳥取県の総人口を上回るほどの運動に発展し、「あいサポート運動」に協賛し実践活動を行う「あいサポート企業・団体」も二千を上回るなど、賛同と実践の輪が飛躍的に広がっている。

実は、この運動が生まれたのは、知事室に県庁の担当部局が障害者権利条約の普及事業について説明に来たのがきっかけだった。近々行う啓発行事の内容を説明してくれたのだが、講演があり座談会があり、よくある「通り一遍」の研修会だった。思わず、私の口をついて出た言葉。

「これでは障がい者の差別は解消されないでしょう。話を聞いて差別はなくなりますか。それよりも、様々な障がいの特性について理解して実践することを目指すなら、鳥取県らしい県民運動を考えた方がいいでしょう。それをスタートする集会にすれば」

企画した県担当部局の皆さんは、あからさまに困った表情を浮かべていた。予算ですでに決まっているから、一切曲げたくないという顔だ。しかし、世間に対して「やってる感」を出すのが行政だろうか。心から共感してもらって、条約の理念に基づく運動を起こし、意識改革、行動改革に繋げていくべきだ。

私には原体験があった。

大学二年生だった私は、各大学から志願して集められた日本赤十字社本社の語学奉仕員として、一九八一年の国際障害者年に我が国で開催された「国際アビリンピック」で、タイ選手団のアテンドを任された。その研修合宿が各国選手にアテンドするボランティア全体で実施され、様々な障がいに応じた介助など実践的研修に参加した。例えば、信号で困っている様子の視覚障がい者がいたらどうするか。実際の視覚障がい者がおられて、一人ひとりやってみる。学生が手を引いて誘導しようとすると、不正解。正しいやり方は、まず近づいて声をかける。明るく声をかけることが、視覚障がい者の立場に立てば大切だ。そうかもしれない。なるほどと思ったのが、手を引かれるとどこに連れていかれるか分からない恐怖感を覚えるので、声かけの後、横に並んで立って、肘《ひじ》のあたりに軽く手を添え一緒に歩くのが、障がい者が安心できる導かれ方のコツだ、ということだ。確かに「エスコート」スタイルが人間なのだから本来だろう。親が子の手を引っ張るのとは違う人間関係だ。それまで、障がい者をサポートするにしてもどうしたらよいかわからず、結局お手伝いできてなかったもどかしさがあった。でも、同じ人間として互いに尊重しながら、相手がたまたま体の機能上できないことを、自然な形でいわばエチケットとしてサポートする、ということを体得することができた。この合宿の後、正直なところ障がい者に対する自分の見方が変わった。障がいがあってかわいそうとかいうのではなく、楽しく付き合える仲間と思えるようになった。

再考を促したものの、なかなか担当部局で発想の転換をするのには時間がかかった。私から、「障がいを知り、共に生きる」をテーマとし、名前も「あいサポート運動」にしてはどうか、と伝えた。「私（I）がサポートする」に「愛をもってサポートする」という思いを重ね合わせたものだ。障がい者の関係者にシンボルマークやバッジを作ってもらっては、と提案したところ、ハートマークを重ねたマークを関係者と考えてくれて、バッジの製作も始まった。役所は納得すると、放っておいても前に進み始める。

二〇一三年十月八日に、鳥取県議会で、全国で初めて手話を言語として認める「鳥取県手話言語条例」が成立したのも、この「あいサポート運動」の精神が生かされている。手話言語条例を制定する地方自治体は年々増え、昨年末で三百七十三自治体に達する。

鳥取県ではこれまで、「障がいを知り、共に生きる」をテーマとした「あいサポート運動」の一環として、二〇一五年に、障がい者の芸術・文化活動の拠点施設「あいサポート・アートインフォメーションセンター」を設立し、活動の支援や顕彰を進めてきた。「障害者による文化芸術活動の推進に関する法律」が二〇一八年六月に制定され、本県がこれまで行ってきた障がい者の文化芸術活動推進施策を更に発展させていくため、「障がい者による文化芸術活動の推進計画」を、全国に先駆けて同年十月に制定した。

そもそも芸術・文化というのは健常者だけのものではない。なぜなら、毎年年末になると合唱するベートーベンの「第九」は、耳が聞こえないベートーベンがつくった名曲だ。画家のゴッホも、自分の耳を切り落とすぐらい心に傷があったと伝えられる。われわれ人類が獲得してきた芸術・文化は、障がいのある逸材で支えられてきた。創作活動は障がい者の皆さんの生きがいにもなるし、芸術の進化をもたらしえる。

東京オリンピック・パラリンピックに向けて、障がいを知り、共に生きる社会を建設していくことが、我が国の未来に遺す真のレガシーだ。障がい者の芸術文化活動を振興するため、有志の十三都県の知事が結集し、二〇一六年三月三十日に、「2020年東京オリンピック・パラリンピックに向けた障がい者の芸術文化活動推進知事連盟」を旗揚げした。現在ではこの連盟に加盟する知事は四十六人。芸術・文化に障がいのある・なしは関係ない。障がい者の芸術・文化の未来を創っていこう。

知事連盟のキックオフとして、「東京オリンピック・パラリンピックに向けた障がい者アートフェスタ二〇一六」が、眞子様をお迎えして、鳥取県中部地震直後の二〇一六年十月三十日に鳥取県で行われた。国内外から百人以上が集結し、ダンス、音楽等の公演が披露されたほか、約四百点の絵画などの障がい者の作品が展示された。眞子様は開会式で、「障害のある人、ない人がお互い尊重できる社会になるのを願います」とお言葉を述べられた。私も各参加地域と一緒に「障害者アート応援宣言」を行った。

その後も、各地域を持ち回りながら障がい者の芸術・文化の祭典を開き、昨年九月には、新型コロナ対策でステージとリモートを併用しながら、鳥取県倉吉市で「日本博を契機とした障がい者の文化芸術フェスティバル in 中国・四国ブロック」を挙行した。

障がい者のスポーツについても、昨年、鳥取市にある鳥取県立布勢総合運動公園内に、「ノバリア」というスポーツ拠点が日本財団の協力の下に開設された。この施設は、コンパクトな施設ながら、障がい者がスポーツにファーストコンタクトをする場として活用され、障がい者スポーツ指導者の養成の場にもなっている。障がい者スポーツを盛んにするためには、指導者の確保は大きな後押しとなる。

そもそも、鳥取県に住んでいることが、スポーツ選手を目指すうえで、ハンディキャップになってほしくない。東京や大阪のような大都市なら、施設や指導者も含めいろいろなチャンスに恵まれているが、鳥取のような小さな県では事情が違う。全国大会に行く、まして海外の大会に行くにも他県よりお金がかかる。選手強化のために、優れた指導者の招聘《しょうへい》を行う必要もある。このように、鳥取に住むことでオリパラを目指せない、ということにしてはいけない。

子どもたちの夢をかなえられる環境を作る。こうした問題意識から、オリンピックや世界選手権等の国際大会で活躍できる可能性を秘めた「鳥取育ち」の競技者を発掘する「鳥取ジユニアアスリート発掘事業」や、海外遠征支援などの応援プログラムを展開し、実際にその成果もでてきた。例えば、飛び込み競技の三上紗也可選手が、二〇一九年の世界選手権で五位に入賞してオリンピック出場枠に入ったし、ボクシングの入江聖奈選手もオリンピック出場権を獲得した。指導者も優れた人が育っている。JOCの指導員になったり、女子ボクシングやスポーツクライミングなどの優秀なコーチが頭角を現してきたのだ。パラスポーツでもこれと同じように環境整備を進めてきた。

障がいを知り、共に生きる社会へ。

小さな県だからこそ、それを実現へ導く人々の絆がある。

図書館の自由の旗手として

「図書館は、基本的人権のひとつとして知る自由をもつ国民に、資料と施設を提供することをもっとも重要な任務とする」

一九五四年に採択されたわが国の「図書館の自由に関する宣言」だ。図書館は紀元前三世紀のアレキサンドリアの図書館に象徴されるように、世界を通じて情報の源として、人類の歴史とともに発展してきた。様々な人に必要な情報を提供するという役割について、「図書館の自由」という考え方が生まれ、アメリカでは「図書館の権利宣言」(Library Bill of Rights)が一九四八年に制定されている。

こういう基本的な考え方を実現するにも、大都市のように潤沢な資金があるところでは立派な図書館を設置できるのだが、住んでいる地域によって必要な情報が得られない、というようなことは、是が非でも避けたい。私たち鳥取県の意地の見せどころだ。むしろ、小さな県なりに工夫していくことで、モデル的な図書館サービスをお届けできるのではないか。公共図書館としての機能を、試行錯誤を通じて、現場主義で改革を重ねてきた。

鳥取県は、県内すべての十九市町村に公共図書館が設置されている。全市町村に図書館があるのは、ほかには福井、富山、石川、滋賀のみだ。しかしもちろん課題はある。市町村によっては規模が小さくて蔵書数も少ないこと。書籍を購入するにも、スペースにも、限界もある。県内どこに住んでいようが、同じように色々な本と出会えるようにすべきではないか。そこで、市町村の図書館と県の図書館とがネットワークを組んで、住民に身近な図書館へ必要な図書が速やかに配送される仕組みを展開してきた。その結果、鳥取県では、市町村立図書館から午前十一時までに資料取り寄せの申込みがあった場合、翌日には県立図書館の本が最寄りの市町村立図書館に届くシステムになっている。これほど迅速に資料を届けられるサービスを整えている自治体は他には見られない。書籍・雑誌だけでなく、新聞のデータベースも、県立図書館で契約した新聞のデータベースを市町村立図書館でも利用できる。ルーラル電子図書館という農業関係専門のデータベースが使えるのも特長だろう。

また、県立図書館では、職業開発に役立つ資料を提供する場所として、ベンチャービジネスに関わる情報を集めたり、アイデアを立案する拠点として、図書館の情報で起業や経営の支援を行う事業を実施しており、実際にビジネス目的で実践的に図書館を活用して起業につなげた例も生まれ、産業や雇用の後見役を買って出ている。

病気克服のための資料は、ひとりでじっくりと向き合ってみたいという需要が高い。県立図書館では、闘病記文庫コーナーを設け、約千冊の本が、「がん」「認知症」などのジャンル別に色分決して並べられており、関係者の皆さんから評価をいただいている。二〇一六年七月に、「緩和ケア」「治療法」「治療後の生活」「就労・復職」など、様々な課題を抱えておられる人たちに参照していただけるような本やパンフレットなどを課題別に配架し、闘病記文庫をリニューアルしてスタートさせた。

更に、県立図書館では、二〇一三年に、児童図書についての書誌、児童文学の研究等をまとめた「子ども読書応援ルーム」をオープンするとともに、ふるさと鳥取県の情報・文学・人物、さらには「まんが王国とっとり」についての書籍等をまとめた「ふるさと鳥取コーナー」を開設し、郷土を理解し愛する将来世代を育てる試みを強化している。

病気別に分類した闘病記文庫（鳥取県立図書館）

また、本の音読が認知症予防になるという知見もあり、そうしたサービスを行うのも新しい図書館の形だ。この「音読教室」は高齢者サービスの一環として、県立図書館が始めたが、今では十七の市町村でも取り組まれている。市町村立図書館とのネットワークによるサービス拡大の好例である。

さらに、一昨年六月に施行された「視覚障害者等の読書環境の整備の推進に関する法律」に基づき、こうした図書館ネットワークを生かし、視覚障がい者向けの「ライトハウス点字図書館」・「サピエ図書館」等と連携して点字図書や音声で聴ける電子書籍などのサービスを提供することについて、「視覚障がい者等の読書環境の整備の推進に関する計画」を、鳥取県は全国で初めて今年度中にとりまとめることとした。

こうした改革の一方で、今でも信念を持って続けていることがある。

十年前の東日本大震災。厳しい状況の中で東北から鳥取に避難してこられた方が、七十五人ほどいらっしゃった。当時、私も加わって、そうした方々から声を聞くために、受け入れた鳥取県として意見交換を行う機会を設けさせていただいた。被災者の皆さんの要望の中で切実だったのは、「地元の新聞が読みたい」というものであった。なかなか地域の情報を得る機会が遠く離れた鳥取県では得にくい環境であったことから、こういう現場の声が出てきたわけで、早速、県立図書館でその機能を担うこととしたものである。

あれから十年。鳥取県内に今も暮らす避難者の数はかなり減ったけれども、必要とされる方々がおられる限り、東北の新聞は欠かさず閲覧できるように整えている。

図書館は本の所蔵庫ではない。小さな県ではあるが、図書館の自由を支え、積極的に住民の知識と暮らしをサポートするアクティブな図書館にしたい。地域づくりの重要な領域だ。図書館は、どのような方にも開かれた情報の源泉であるのだから。

地域の役に立つ県立図書館を目指してきた。それを長期にわたって継続し、優れた図書館サービスを実践しているとして「Library of the Year 2016 ライブラリアンシップ賞」を受賞した。県立図書館が度重ねて受賞するのは、例のないことだ。

小さな県の地味な活動と映るのかもしれないが、住民の役に立つことなら地味でいい。

ハンセン病と優生保護法の悲劇に対してなすべきこと

時に、国自体が過ちを犯すことがある。

ハンセン病とは、らい菌が皮膚や末梢神経などを侵す感染症である。世界的にはエジプトなど古代文明の時代から存在し、日本でも八世紀の『日本書紀』にすでに記述がでてくる、長年人類を苦しめてきた病気だ。

戦前の一九三一年に患者すべての隔離を内容とする「癩《らい》予防法」が成立し、国内各地に専門の療養所が建設され、各県では無癩県運動として患者を探し出しては療養所に収容する隔離政策が行われた。一九四〇年代後半には海外で治療薬ができており治る病気になっていたのだが、その後も一九五三年に「らい予防法」に改められたものの患者隔離が継続され一生そこから出ることができず、「らい予防法」が廃止される一九九六年まで苦難の歴史が続くこととなった。病気の原因がよくわからないまま、「不治の病」「遺伝病」などと誤解され、患者の方々は、不当な差別を受けてきたのである。

鳥取県は、国の隔離政策に関与してきたことを悔い、ふるさと鳥取県に帰ってもらう「里帰り事業」を、一九六四年に全国で初めて実施したほか、ハンセン病の被害者を支援するネットワークを結成した。らい予防法廃止後も、一九九七年に行われた「夢みなと博」にあたりハンセン病ふるさと交流が行われるなど、鳥取県は真摯《しんし》に取り組んできた。

二〇〇一年に国家賠償請求が認められたものの、ハンセン病の元患者やご家族が国策により苦難を強いられた歴史は重く、県としても寄り添った施策を展開し、国に対して補償や名誉回復を求めてきた。

私が知事に就任して間もないころ、ハンセン病患者の苦難を伝える碑を建てようという構想が関係者の間で浮上した。その皆さんが県庁へ訪ねてこられた。協力要請に対して、私は、当然協力いたします、とお話しした。相手がなぜかキョトンとしている。どこか場所を提供できるか、と仰るので、私は、「県の中でも一番いいところにつくりましょう」と応じ、例えば県庁の目の前の「とりぎん文化会館」前を提案した。今度は役所側が驚いた顔をした。誰も平井の発言を予想していなかったようだ。

鳥取県も主体的に動き出し、「ハンセン病問題」を風化させず、ハンセン病問題を考えるシンボルとして「碑」を建立することとなり、多くの県民の方々の募金をいただき、ハンセン病問題関係者からなる「ハンセン病についての碑建立に係る懇話会」で熱心な議論をいただきながら、二〇〇八年六月三十日、元患者の方々の思いである「いつの日にか帰らん」という言葉を刻み込んだ「ハンセン病強制隔離への反省と誓いの碑」が完成した。遠方から来られた元患者の方の大きな区切りをつけられたという満足した笑顔に、心から安堵《あんど》したことは忘れられない。この反省を、私たちは後世へ語り継がなければなるまい。

「ハンセン病強制隔離への反省と誓いの碑」除幕式

このできごとを改めて思い起こして取り組んだのが、旧優生保護法問題だ。

当時の世界的な運動が背景にあったのだろうが、「不良な子孫の出生を防止する」と称し、旧優生保護法により、国の政策にしたがって、遺伝性といわれた病気を持つ人や知的障がいのある人等に対し、生殖を不能にする手術が行われてきた。一九四八年から廃止される一九九六年までの約半世紀にわたり行われた手術の件数は、確認されただけでも全国で約二万五千件に及ぶ。その中には、本人の同意がない「強制不妊手術」も含まれている。実はこの間、厚生省は、都道府県に対し、一九五四年に不妊手術を計画どおり進めるよう求めるなど、度重ねて不妊手術を促していた事実がある。ハンセン病と同じように、国が都道府県を介しながら、大規模な人権侵害を行ってきたのだ。これに関わった関係者は、親族や医師も含めて、そうしなければいけないと思い込まされていた、という悲劇がある。

二〇一八年一月、知的障がいを理由に手術をされた宮城県の女性が、「重大な人権侵害にもかかわらず、被害救済のための立法を怠った」などとして、国を相手どり国家賠償請求訴訟を起こした。それをきっかけに、全国各地で同様の被害を受けたという声が次々と上がるようになった。国会で成立した旧優生保護法に基づく国事業だが、ハンセン病問題と同様の構図で、都道府県が強制不妊手術も含めて一翼を担ったという事実は消すことができない。人権侵害に結果的に関与した以上は、鳥取県もその被害の救済に向けて、汗をかくべきなのではないだろうか。

全国報道では、被害救済の前提となる実態把握には行政機関の協力がなければ難しいが、全国的には役所の壁でそれが進んでいないという実情が伝えられていた。

私は、ハンセン病の過ちを繰り返してはならない、鳥取県として積極的に実態把握の調査に協力すべきだ、と考え、二〇一八年三月二十八日の記者会見で、全国で初めて、障がい者への不妊手術に関する県保存資料を基に、旧優生保護法下で手術を受けたとされる対象者の所在などを市町村へ照会し、積極的に対象者にも接触を図る方針を示した。

「国の責任だが、現場は県。相談に来た人以外は知らないというのではなく、相手が分かればこちらから出向くのが礼儀。全国に先駆けて対応していく」

対象者が訴訟に参加する意向があるなら、弁護士会などと連携していくと訴えた。

四月二十五日には、私の考え方に共鳴した一般財団法人全日本ろうあ連盟の方々と、優生保護法下で実施された不妊手術の調査で協力することで一致した。当事者の方に寄り添って対応していくことが何より大切だろう。

翌年になり、ようやく、国会で「旧優生保護法に基づく優生手術等を受けた者に対する一時金の支給等に関する法律」が議員立法により二〇一九年四月二十四日に成立した。その施行にあたって、国の方針が示されたが、個別の救済対象者には通知をしないという。これでは救済を受けられるということが分からない方も出てしまうのでは、と疑問に思った。当然のように、全国の被害者団体もこれに反発した。

そこで、鳥取県は、この国の方針には従わずに、個人個人に通知できるやり方を工夫して進めていくこととした。もちろんプライバシーの問題もあり、それぞれの御家族の事情もある。単に紙を送って終わりということにするものではなく、むしろ丁寧に市町村と話し合い、その状況もみながら御家族や入所施設などと話をして進めていくことにした。

このような形で、被害者に寄り添うことを基本として、鳥取県独自の調査をし、被害者救済への協力を展開してきたところである。

まず、県の公文書館等にある記録を職員に探してもらった。県庁の中の決裁文書のみならず、国立公文書館などにも足を運んで徹底的に調べた。また、鳥取県聴覚障害者協会等の団体と共同での調査も行った。なかなか必要な資料には行き当たらないし、個人にその記録をつなげていくのは簡単ではないが、一つ一つ進めていく。難しいのは、個人情報を市町村が管理しているので、被害者と思われる住民にお知らせするために必要な住所などの情報は、それ相当の手続きを踏み、市町村の個人情報保護条例に基づく審査会で許諾を得るなど市町村当局の協力が得られなければ出てこない。こうした山をいくつも乗り越えて、ようやくご本人サイドに救済対象となっていると連絡が取れる。

その結果、二十一人が判明し、そのうち救済を希望されて「一時金」の支払いが実現したケースも生まれてきた。

そこで見えてきたのは、そっとしておいて、というご本人やご家族もおられるという現実だ。自分の家に子どもがいない訳が、旧優生保護法で受けた手術が原因だと知られたくない、あるいは、もう忘れたい、など。

胸が痛む悲しい物語だ。やはりこういうことは絶対に繰り返してはならない。

こうして鳥取県が国の方針に反してまで、被害者に寄り添って調査や対象者へのお知らせにこだわってきた。全国から見れば異端かもしれないが、国と地方の行政機関が関わって人権侵害が起きたのである。ならば、誠意をもって真摯に被害者の救済につながるように最大限努力をすべきでないか。鳥取県は独自に訴訟支援も用意している。

社会全体が過ちを犯した以上、現場の私たちが守らなければならないのは、国の方針よりも、被害者その人である。

性的マイノリティとダイバーシティ

性的マイノリティに関しては、例えば東京都渋谷区など、同性カップルに対し結婚に準じる関係と認め、「パートナーシップ証明」を発行することが注目を集めている。

性的マイノリティであることで悩んだり、生きづらさを感じているのならば、それを解消していくのが、地域社会の在り方であろう。

鳥取県も、性的マイノリティの人たちが生きやすい社会をつくるために、丁寧に進めていこうとしている。本県でも、情報交流や交流の場づくりなどの施策を行っているが、他の自治体とは違ったものが二点ある。

一つは、性的マイノリティであることをカミングアウトするということは、当事者にとってみれば大きなハードルであり、それを強制することは人権にもかかわりかねない、という問題意識によるものだ。場合によっては、差別を巻き起こしかねない事態になるからだ。

鳥取県の県庁では、職員一人ひとりに多様な性について正しく理解してもらうために、昨年「多様な性を理解し行動するための職員ハンドブック」を作成した。その中でも触れているが、福利厚生制度などについては、婚姻の届出をしていない事実婚と同様に、同性パートナーに対しても、公的な「婚姻届」もそれに相当する「届出」も求めることなく、福利厚生のメリットが適用されると明記している。

具体的には、LGBTなど性的少数者カップルの職員について、異性カップルと同様に、結婚休暇取得や結婚祝い金などの福利厚生の利用を認める運用を行っている。公的な証明は必ずしも求めず、家族や友人などの第三者の証明があれば認めることにしている。考えてみれば、婚姻届を出していない事実婚でも夫婦と同等に扱うとする判例が定着してきているのだから、それと同じではないか、と考えたのだ。相手が同性だからことさらに特別な申請を求めるのは違うのではないか、というのが私の考え方だ。

パートナーが同性である職員にも、給付金制度や休暇を適用する取り組みは、千葉市をはじめとして、渋谷区、豊島区、世田谷区、福岡市、大阪市、横須賀市などで運用が開始しているが、都道府県としては本県が初めてだ。

なぜそうした方法をとったかといえば、「アウティング」の問題があるからだ。アウティングとは、性的指向などを本人の許可なく暴露する行為で、差別の問題に発展しかねない。そういうことから守る必要があろう。

もう一つ、これも全国初の決断だと全国紙でも報道されたことである。

「男女共同参画社会基本法」が一九九九年に施行され、これに基づき国は「男女共同参画基本計画」を策定し、鳥取県も「鳥取県男女共同参画計画」を制定してその後改定を重ねてきた。この度、その第五次計画を策定するため、県民・各種団体などの意見をとりまとめ、その中で、性的マイノリティへの配慮についても、「性の多様性を前提とした社会システムの構築」を施策の基本的方向の項目として明記するなど重点的に記述した上で、成案に至った。

最終段階で、鳥取県男女共同参画推進条例に基づき、その内容について有識者等からなる「鳥取県男女共同参画審議会」の審議に付したところ、様々な議論があったようで、性的マイノリティについても記述した計画である以上は、そうした当事者の方々の心情に配慮することが必要であり、計画の名称を「男女共同参画」ではなく「性別にかかわりなく」という趣旨を含んだものに改めるべきだ、という答申がまとめられ、委員の皆さんが私のところに説明にやってきた。正直なところ、いわば事なかれ主義のようなことかもしれないが、担当部局からは、名称の話が出ても採用しないでください、というメモが入ってきたのだが、委員の皆さんの真剣で誠実な議論の末の結論だということが理解でき、私は、名称を答申の趣旨を尊重して改めたうえで議会に提出する、とお約束した。職員には悪いが、性的マイノリティの方々からすれば、鳥取県で社会に参画できるのは「男女」の両性だけなのかとそのこと自体で傷ついておられたかもしれない。法律の文言とは違うかもしれないが、重要な男女共同参画の精神はしっかり継承しつつ、名称としては時代の流れに合わせた方がいい、と判断した。良識ある県議会なら、この道理は理解してくれるはずだ。

こうして、二〇二〇年十一月に開会した県議会に「鳥取県性にかかわりなく誰もが共同参画できる社会づくり計画」の承認を求める議案を提出したのである。案の定、男女共同参画に情熱を燃やしてこられた一部の議員から、名称について強い異論が出たが、県議会の質問戦の中で、鳥取県では断トツの全国トップの割合で女性幹部職員登用を進めるなどの実績をあげてきており、男女共同参画推進の方針はみじんも揺るぎはない、「男女共同参画計画」という言葉自体に傷つく人に配慮すべきだ、と説得した。最終的には、翌十二月に全会一致で可決にこぎつけた。全国でもユニークな名称の計画が誕生したが、わが国でもようやく流れ始めた時代の流れにしたがって、固定観念を取り払って素直に審議会も含めて皆で考えた結果である。小さな県だけに、前例踏襲を打ち破るのは早い。

私の発想の原点は、アメリカで調査研究生活をしたことにある。一九九六年にカリフォルニア大学バークレー校の政府制度研究所で客員研究員をしていたが、その隣のサンフランシスコはゲイのメッカとして知られていた。当時はまだ日本では性的マイノリティについての認識は浅く、違和感を感じる風潮もあったが、自由の国アメリカではそうではない。そのため、渡米する前の研修で、ＬＧＢＴの問題について理解できないようでは、アメリカ社会では進歩的でないとみられる、日本とはそこが違うので気をつけろ、と教えられていた。「ダイバーシティ」は、アメリカのみならず世界的な価値観となっている。性的マイノリティもその重要な要素だ。ダイバーシティ＝多様性を認めない風潮があるようで心配だ。人種・国籍・性などを分かれ目として、社会の分断をもたらすかのような、最近の世界の情勢には、多くの人が困惑しているのではなかろうか。寛容さは、鳥取県のような小さなコミュニティなら、大切にされやすいのではないか、と期待している。

今度米国大統領になったバイデンさんも盛んに取り上げていたけれども、ダイバーシティは人類にとって普遍的な「価値観＝バリュー」なのである。

新型コロナは、社会に分断をもたらしているようで恐ろしい。分断を深めることなく、お互いに認め合うことができる社会を、小さな県として大切にしたい。

鳥取県版「ソーシャル・インクルージョン」

「割れ窓理論」（Broken Windows Theory）という考え方がある。アメリカの犯罪学者ジョージ・ケリングによるものだが、「割れた窓を放置すると、地域社会の関心が低いと考えられ治安が悪化し、やがて他の建物の窓もすべて割られる」とする理論だ。ニューヨーク市は犯罪の巣窟のようなイメージで見られていたが、この理論に基づき、治安の改善が図られた。警察官の数を増やしたり、例えばタイムズスクエアでは、自分たちでガードマンを雇いパトロールし目に見える形で治安維持に当たった結果、家族連れや観光客でも安心して歩ける街になったことは有名である。犯罪の認知件数が大幅に減少して治安が回復し、中心街も活気を取り戻し、住民や観光客が街に戻ってきた。ニューヨークの場合、この頃同時に「ソーシャル・インクルージョン」政策も治安対策の効果を押し上げていた。低・中所得者に対して「お手頃住宅（Affordable Housing）」を提供することを掲げ、一九八七年度からの十年間に「住宅十ヵ年計画」を掲げ、大規模改修などで整備した住宅を、ホームレスなどの低所得者層を中心として供給した。社会に分断の壁を立てるのではなく、社会の構成員として包摂する手法も用いて、安心して歩ける街を作ろうという手法である。

犯罪のない明るい社会をつくるため、ただ検挙して裁きにかけるだけでは犯罪はなくならない。再犯を繰り返すだけで、刑務所はあふれかえり、治安は悪化する。これが繰り返されるよりも、社会を構成する同じ人間として迎え入れ、地域で暮らすことができるように更生させたり、薬物依存症を医療的に治療したり、そういう社会政策を行うことの方が、本質的な解決に資する可能性がある。今の日本では、再犯率は実に四割〜五割に達し、かつての二割〜三割レベルから上昇しているのだ。

「ソーシャル・インクルージョン」とは、生活困窮者や犯罪を犯した者、特定の人を排除するのではなく、すべての人を社会的に包摂する考え方で、排除ではなく援護し、健康で文化的な生活の実現につなげるよう支援を行う政策である。ヨーロッパで社会福祉政策の理念として発展してきた考え方だ。この手法を用いて、排除ではなく、人としての権利を尊重する基本的立場に立ち社会的絆を回復させることで、社会の一員としての自立を目指すことが、近年社会問題となっている再犯者累増に対応し得る。犯罪の背景にある現実は薬物依存などがあり、障がい者であったり、更には高齢者も多くなっていたり、社会的なサポートがないと、結局再犯へ進み刑務所と実社会を行き来する負の循環になってしまう。自ら地域社会で生活をスタートさせる支援制度を作る方向に、ようやくわが国の司法も転換し始めている。

二〇一六年十二月に「再犯の防止等の推進に関する法律」が成立したのを受けて、二〇一八年四月に、鳥取県は、全国で初めて「鳥取県再犯防止推進計画」を策定した。

鳥取県は、人口は少ないが絆が残された社会であって、県内には、再犯防止に向けて熱心に更生事業に取り組まれている組織の伝統がある。保護司の皆さんはもちろんのこと、女性や若者のボランティア組織の鳥取県更生保護女性連盟や鳥取県ＢＢＳ（ビッグ・ブラザーズ・アンド・シスターズ）連盟が活発な活動をしている。鳥取県更生保護給産会は、刑期を終えたのちの居場所を提供する。鳥取県更生保護観察協会や鳥取県就労支援事業者機構で功績のあった清水昭允《しみずてるみつ》氏が二〇一七年の「瀬戸山賞」を受賞されたように、鳥取県では活発な支援活動が展開されてきた。こうした民間組織や国と連携し、「鳥取県再犯防止推進会議」を開き、社会生活の自立支援や、就労、住居の確保などを展開していくことを盛り込んだ「鳥取県再犯防止推進計画」をとりまとめた。

二〇一七年に計画策定の委員として加わったことを契機として、鶴巻孝永《つるまきこうえい》さんたちが中心になって、釈放前教育のテキストを作成した。その報告にと、県庁へ訪ねてこられた。全国でもこういう活動が民間で行われることは珍しい。社会復帰後に身に着けておきたいマナーや社会生活の心得などについて、分かりやすく仮名を交えてまとめておられる。この活動を担う鳥取県再犯抑止更生協会も設立され、この功績で内閣総理大臣賞を受賞された。「鳥取県再犯防止推進計画」のとりまとめのみならず、鳥取県独自の更生事業が早速誕生した。

鳥取県の社会生活自立支援センターも全国のモデルとされ、法務省の門山宏哲《かどやまひろあき》政務官が一昨年視察にこられて賞賛された。寺垣琢生《てらがきたくお》弁護士や専門のスタッフで運営する「とっとり東部権利擁護支援センター」が、厚労省事業の地域生活定着支援センターと法務省事業の社会生活自立支援センターの縦割りになっている事業を一括受託。刑務所出所者や起訴猶予・罰金の案件で再犯防止が必要な案件について、その多くを取り扱っており、鳥取県の再犯防止に大きく寄与している。この方式が採用され、国事業も新年度から省を越え統合される。

更に、国のハローワークとは別に地域課題解決も使命とする「鳥取県立ハローワーク」を設けているが、昨年九月専門就業支援員を配置し、例えば仮釈放中の者へ就職支援を行うなど、更生を支えている。再犯防止計画の中でも最も重要なのが再就職だが、更生保護観察協会が、企業と人を結びつける再就職のためのマッチング実現にも寄与していただいている。

再犯防止と同様に、アルコール依存症対策についても、鳥取県では断酒会などの皆さんが自発的に活動を展開されていることを礎として、これも全国初の「鳥取県アルコール健康障害対策推進計画」を、二〇一六年四月から施行している。

アルコール依存症は心の病としてアプローチする。自らも経験者であった議員が断酒会活動で活発に仲間の救済にあたられ、県議会で計画策定の必要性を論じたことをきっかけとして、いの一番に計画が完成することになったのだ。

真の民主主義とは、こういうように率直に論じ合い、お互いに役割を果たす中でこそ進化していくものだ。分断よりも連帯が力を発揮する。

第四章　コロナ禍からパラダイムシフトへ

今の世界の光景は、百年前の「デジャヴ」かもしれない。人類がかつてたどった道だ。

スペイン風邪は一九一八年から二〇年にかけて、世界を席巻し、四千万人が死亡したとされ、日本国内でも四十万人が命を奪われた。当時の第一次世界大戦における戦死者は一千万人、関東大震災での死者は十万人と言われており、世界でも日本でも四倍の命を奪ったことになる。デジャヴであっても、この結果だけは繰り返してはならない。

スペイン風邪は、第一次世界大戦すら一変させた。戦争の最終局面でのドイツによる一九一八年春攻勢が失敗したのは、スペイン風邪の影響によるドイツ軍の士気の低下だ。その後反撃に出た英仏米軍の攻勢も遅々としたものだった。そもそも病気の名前も、戦争の中立国だったスペインのみ患者数や死者数を明らかにしていたからにすぎず、実際には、アメリカ発で全米から集められたアメリカ兵を介して、ヨーロッパへ広まったとされる。第一次世界大戦がなければ、ユーラシア大陸には広がらなかったかもしれない。スペイン風邪は歴史と絡み合いながら、パンデミックの手を広げていった。日本では、原敬《はらたかし》総理大臣や芥川龍之介《あくたがわりゅうのすけ》なども、スペイン風邪に罹患《りかん》した。

こうした悲劇の先には何があるのか。パンデミックが行き過ぎた後の一九二〇年代は、感染症の震源地であったはずのアメリカは好況に沸き、株式投資が加熱していった。逆にそれがバブル景気となり、一九二九年の世界恐慌を引き起こすくらいに。

新型コロナウイルス感染症は、スペイン風邪以来の百年に一度の災禍ではあるが、必ずしも未来まで暗黒に包み込むとは限らないと考えたい。いや、光明灯す近未来をどのように創り出していくか、私たちは構想していくマインドも強く持たなければならない。

この度の新型コロナのパンデミックは、かつてペストが誰も想像していなかったルネサンスをもたらしたように、人々の価値観を変えつつある。次の日本へのページがめくられようとしている。

パラダイムシフトの足音

人々にとって、その存在の根源。それは命だ。命の前提は健康だ。

新型コロナは、その当たり前のことを人々に突きつける。満員電車に揺られながら、周囲の人の中にウイルスが隠れていないか、常にストレスにさらされる。愛する家族は、今日も大丈夫だったろうか。感染した人の話を聞けば、他人事ではないという思いは深まるばかり。

憧れていた東京をはじめとした大都市には、実は「過密」というリスクがあった。

見下されていた「過疎」という言葉は、健康や自由を意味するように変わりつつある。コロナ禍が今日本に起こしつつあるものは、価値観の大転換＝パラダイムシフトだ。大自然、ワーケーション、移住、子育てなどに思いを巡らせば、鳥取がもつ良さに光が当たる可能性が出てくる。どうせ限られた時間しか生きられないのなら、ストレスが少なく暮らしやすい環境で生活を楽しみたいという価値観が生まれてきた。少なくとも、健康と隣り合わせに人生を送りたい。大都市とは違うゆったりとした時が流れる、もう一つの日本。

現実に、昨年五月以降は、東京都への転入者よりも東京からの転出者が上回る傾向が生じている。コロナ禍がなければ、こんなことはあり得ないことだった。

二度にわたる緊急事態宣言において、テレワークや自宅勤務を迫られてみれば、これで職が持てるのならば、何も大都市に執着しなくてもよい、という事実に多くの人が気づいた。さらに、社会はデジタル・トランスフォーメーションへと改革を進めるというのだから、ますます都会の一角のオフィスにいることの必然性は失われていくだろう。

地方創生で実際には地方分散は起きなかったかもしれないが、コロナ禍は「第二の地方創生」を実現するかもしれない。

話はさかのぼる。

私が知事に就任して間もない二〇〇七年十月、鳥取県の人口が、ついに六十万人を切った。地元にすれば「六十万人ショック」。六十何万という人口規模が、県民に長い間なじんできたからである。

しかし、いっそのことこれを転機として、本来鳥取県が正面から取り組まなければならなかったテーマに挑戦しよう、と心を決めた。それまでの鳥取県庁は、移住対策は市町村の事業だとし、決して手を出すなというドグマにとらわれていたのだが、こいつを百八十度ひっくり返し、移住定住政策を開始したのである。その当時の県庁では、移住政策を打っても退職者が引っ越してきて県の財政負担が増えるだけだ、という不思議なロジックがまかり通っていた。

まず、移住希望者向けのホームページを立ち上げ、鳥取県の魅力を発信することから始めた。以前からパイプのあった東京の「ふるさと回帰支援センター」とタイアップしてプロモーション活動を行ったり、移住者向けの不動産物件を市町村と一緒にリストアップしたり。でも、なかなかはかばかしく進んだわけではない。

家を見てもらっても「水回りが使いにくい」との声が多いと担当が聞いてくれば、台所などを改修できる補助制度を創設。「実際に体験してみないと引っ越しまでは」との意見を伺えば、「お試し住宅」の制度を始める。そんなこんなの試行錯誤の末、移住者の姿が見え始めた。

そこに二〇一一年の東日本大震災。大津波の衝撃。鎮魂の祈り。あれから十年となる。鳥取県も宮城県などへの支援に汗をかいた。その頃から首都圏などから地方へ、鳥取県へも移住を考える家族が出てくるようになった。自然豊かなところで、都会の持つ災害時の危険を回避する生き方も、選択肢になってきたようだ。潮目が変わった。

移住者を見てみると、リタイア組は少ない。二十代、三十代が主流である。移住の理由を伺うと、大都市での住みにくさを実感した、のびのびと子育てがしたい、自然の中でストレスなく暮らしたい、というように、新しい価値観が芽生えてきたのがわかってきた。実は、鳥取県は「六十万人ショック」から真剣に子育て支援に重点投資する改革を進め、小中学校全学年少人数学級化、高校卒業までの医療費支援、中山間地保育料無償化など、他地域から見れば常識を破るような思い切った「子育て王国」推進の政策を展開してきた。それが、全国の若い子育て世代の心にも届き始めた。

やがて、国をあげて「地方創生」が合言葉となり、移住をめぐる地域間競争も始まる。鳥取県はこれまで培ってきたノウハウで、徐々にではあるが移住者の数を伸ばしてきた。

鳥取県では、この十年余りの間、年々相談・情報発信体制を整え、若者やアクティブシニア、子育て世帯などの移住希望者にあわせた移住施策に取り組んできた。物件に滞在して住み心地を確認してもらうお試し住宅制度をつくったり、水回りなど家の改修に支援制度をつくったり、工夫をしてきた。さらにここ数年は、県内十七の移住者支援団体や、移住した先輩のチューター組織「とっとり暮らしアドバイザー」が生まれ、新規の移住定住希望者を支援している。移住を経験した人の体験は最も役に立つし、経験者だから移住にあたっての不安や知りたいポイントに答えてくれる。

市町村や住民の皆さんとともにこうした努力を重ねることによって、「住みたい田舎ベストランキング」（宝島社）で鳥取県の各地が上位ランキングを占めることが常態化。鳥取県の「住みやすさ」や「子育てなどの魅力」が伝わり始めた手応えが出てきた。移住定住促進に舵を切った二〇〇七年頃に比べて、「鳥取暮らし」も飛躍的に浸透してきた。

その結果、二〇一五年度から一九年度までの移住者数累計は一万四百二十七人。第一期地方創生総合戦略の目標八千人を前倒しで達成できた。

でも正直なところ、「移住」となると、誰の人生にとっても相当ハードルが高い。地方創生の一環として、近年は「関係人口」という言葉が使われるようになった。「観光以上、移住未満」の人口をこう称する。生活の本拠として定める移住ほどではないものの、一時的にその地を訪問する観光よりは強い関係を築く。例えばボランティアとか、週末だけの二地域居住だとか。地域や地域の人々と様々な形式で関わる人々。

最近は、ワーケーションという働くスタイルも注目され始めた。副業も「解禁」されてきた。移住よりも多くの方々を引き付けることができるのは、こういう様々な「関係人口」のスタイルではないか。鳥取県もそんな新たな地平に足を踏み入れ始めた。

病気になる心配や、誰かに感染させる心配から解放される。一人ひとりが自分の時間を大切にできる鳥取県。自分がちっぽけに思えるくらい大きな自然の中で、人々の絆を今も感じることができるところ。新型コロナの後に確立されてくる価値観に、鳥取県はお似合いなのではないか。

新型コロナのトンネルのはるか向こうの方に、小さな光がおぼろげに見える。

パラダイムシフトの足音が聞こえてきた。

大切な「人財」を育む

子どもたちは、いつの時代であれ、未来からやってきた「希望」である。かけがえのない宝であり「人財」だ。子どもはそれぞれ個性があり、それぞれの人生を歩む。

「子どもは、成長の設計図を持っている」

子どもは、その子の資質で生きる子どもは、その子の頭で考える

子どもは、その子自身の人生の約束を果たす」

（「子どもはみんな、違うんだ」（ドロシー・ロー・ノルト）より抜粋）

最近の全国の高校は、いわゆる「普通科」と普通科に近いカリキュラムの高校にまとめられる傾向があり、「職業系」の学校のあり方をどう考えるかが、喫緊の課題となってきている。戦後一貫して大学進学率が上がってきたということが高校の教育内容にも影響してきたであろうし、特に地方では少子化が進んできて多かれ少なかれ学校の統合が行われてきて、それぞれの専門的な学校教育が結果的に中和されてきたということも影響してきたのではないか。でも、それぞれ子どもは違うのに、画一的な教育になりつつある今のままの日本でよいのだろうか。

鳥取県として、「高校魅力化」に地域とともに挑戦し始めた。隣の島根県が「しまね留学」という制度をつくり全国から入学生を集めているが、同じ山陰なのだから、県外からも

目指してもらえる高校に生まれ変わらせることはできるはずだ。

ユニークな学校を育ててみよう。子どもたちの持っている「成長の設計図」に合わせた教育を提供し、「その子自身の人生の約束を果たす」役に立つ学校を選んでもらえるように。

例えば、鳥取県立智頭《ちづ》農林高校。ここは林業系のコースを持っている珍しい学校であり、高校の魅力化づくりに取り掛かっている。最近は、遠く千葉県などからも受験者がやってくる。都会で自分の人生の選択を見失いがちな中、森の中で林業に打ち込む選択肢を考えるようになったのかもしれない。また、山と向き合いながらストレスから離れて暮らすことへのあこがれもあるだろう。全国的にも林業を学ぶ高校はなくなってきたことで、逆にユニークな学校と見られるようになってきた。

昨年「全国郷土研究発表大会」の地理・産業部門で、智頭農林高校地域研究部のレポートが二位に輝いた。木村梓馬さんと坂本雅治さんが同校の経済効果や存続意義について、防災面から林業従事者が必要、同校の存在が智頭町の林業景観に貢献、などインタビュー調査等でとりまとめた。このうち木村さんは、横浜市から林業を学ぶために同校の門をたたいた生徒で、二人とも生き生きと地域の絆や魅力に触れて成長しているのが、頼もしい限りだ。

鳥取県には、高校以外でも林業を学ぶ場ができた。

二〇一九年四月三日、全国で初めてとなる町立の林業研修機関である日南町の「にちなん中国山地林業アカデミー」が開校した。広島県境に近い旧多里保育園をリニューアルした校舎に、日本最大の六六八ヘクタールを誇る演習林がある。ここも県内外の志願者が募集ごとに増加傾向で、関係者は喜びの声を上げている。入学金は無料だが、研修終了後に林業や関連企業に就業することが条件だ。

設立からまだ二年だが、全国から「人財」がアカデミーに集まる。例えば、国の中央省庁をやめて入ってくる人もいた。近隣のみならず、全国から。需要はやはりある。

新型コロナから引き起こされるパラダイムシフトの中で、これまで担い手不足に悩み森林が荒れ放題になるという構造的課題を抱えてきた林業にも、やりたいという人たちが、県民の中から、また全国からも、集まって来始めている。中山間地の人口が減ってしまい、林業などは後継ぎがいない状態になりかねない。そこにさまざまな挑戦を起こしていくことで、産業を新しい軌道に乗せて持続可能なものに育てていく。

偏差値をもとに大学を選び、卒業後のビジョンはさしおいて、とにかくいい大学を目指す選択肢が正しいとは限らない。特色のある、魅力のある学校づくりをしていくことで、そこで学ぼうという人は全国から来る。少子化もあり、地方における学校経営は年々難しくなっているが、特色のある学校づくりに向かって、公立であれ私立であれテコ入れをしていかなければいけない。

高校と大学との連携に関しても、進めている試みがある。

フランスには、おもに専門職や職人に対して「職業士」（Certificat d'aptitude professionnelle）という国家的な資格として認証される制度がある。その一つに、農業関係の認証制度として、「農業職業士」（CAPA Certificat d'aptitude professionnelle agricole）があって、フランス農業省が所管している。こうした資格が農林水産業の職業レベルを上げ、本人が誇りをもって農林水産業をなりわいとするやる気向上にもつながる。そこで、鳥取県版の農業職業士に林業・水産業も加えた「スーパー農林水産業士」という資格制度を創設し、農林水産業の中核を担う生徒を育成することとなった。

「スーパー農林水産業士」の認定を目指して、県立の鳥取湖陵高校、智頭農林高校、倉吉農業高校、境港総合技術高校の生徒が挑戦する。こうした「人財」については、特別のカリキュラムを用意して、実践的な技術や知識を身に着けてもらうこととし、鳥取大学などと連携して更なる資質向上を図る、鳥取県独自の特別な教育制度を創設したものだ。

具体的には、例えば農業であれば、長期インターンシップとして六十時間以上を二年間、協賛していただいた農家で研修を受ける、また、食の六次産業化プロデューサー育成講座を県立農業大学校で受講する。そうした高度なカリキュラムで勉強した生徒に対して、鳥取大学に推薦入学枠を設けて系列校のように進学する可能性を開いておく。鳥取県立農業大学校に進学する生徒には、奨励金を支給する。

つまり、高校から大学レベルにかけて、一貫教育も含めて、農業・林業・水産業を志す子どもたちに、特別の教育プログラムを、地域で農林水産業者・行政・大学・高校が連携して提供する。大学への進路までも用意するのは異例のことだろう。鳥取大学側も農林水産業を本気で担おうという「人財」が必要だと、快く賛同してくださった。あの「にちなん中国山地林業アカデミー」も加わっていただき、高校生が進学するときには奨励金で応援する。

全国的に問題意識を感じているのは、例えば農業高校を出ても、大学は農業系ではない学部を選ぶ、あるいは高校卒業後に農業関係の仕事に就かないというのが、通例になっていることである。本来の職業高校の姿はここ数十年ですっかり変わってしまった。鳥取県から、子どもたちに必要な職業教育はどうあるべきか、新たな挑戦に乗り出した。

子育て世代の経済的負担を軽くして、子育て王国を推進する。これまでも、中山間地での保育料無償化や高校卒業までの医療費助成など、全国トップの支援を行ってきたが、さらに

「全国の一歩先行く子育て支援」を進めている。

一つは、高校生の通学費助成。都会と違って、バスや鉄道を使って高校に通うのに、結構高い交通費がかかる。高校生を持つご家庭のお母さんたちから、熱心な要望をいただいた。中山間地で高校生を持つ家族が引っ越すようなことになってはいけない。そこで、二〇二〇年から、公共交通機関を利用して県内の高校に通う生徒の通学費を、県と市町村が協力して支援する制度をスタートした。月額七千円を超える額を支給するもので、その半額は県が負担することとし、七千円以下も補助する市町村には、四分の一を県が支援する。

また、私立の中学・高校への支援は、全国四十七都道府県の中で、鳥取県が東京都をも抜いて断トツ一位なのだ。建学の精神を大切にして特色ある教育を行っている私立学校を、日本で一番支援しているのが鳥取県だ。年々その支援の内容も、現場の先生方と話し合いながら充実してきている。

特に、私立中学校への就学を、私立高校と同レベルで助成する制度をつくったのは、鳥取県が初めてだ。「私立中学校就学支援金」を設け、家庭の状況にかかわらず、すべての中学生が安心して学業に打ち込める環境づくりのため、国による「高等学校等就学支援金」に準じた鳥取県版の就学支援金を、全国でもユニークな支援として私立中学校へも交付している。

いきさつはこうだ。私学と公教育との家庭負担の格差を是正するため、国による高等学校等就学支援金制度が二〇一〇年に創設され、私立高校については助成が始まることとなったときに、なぜか私立中学校は国の支援対象とならなかった。私は、なぜ義務教育でない私立高校の生徒は支援されるのに、義務教育の私立中学校の生徒は放っておくのか、むしろ義務教育なのだから、支援して教育機会を保障すべきではないか、と強く疑問に思った。記者会見でこういう考え方を述べたところ、当初は批判もあった。私立学校に入れるような子どもは、経済的に余裕があるに違いない、というご批判なのだが、これは都会の感覚だろう。鳥取県の私立中学校は中高一貫校しかない。生徒はどんな子かといえば、いろんな事情があり、鳥取県では公立にはない中高一貫教育を受けさせたいという家庭もあれば、以前通っていた公立になじめず別の学校に行きたいということで私立中学校を選択する子どもたちもいる。少なくとも高校生と同等程度、中学生についても支援の必要性があるのではないか。このようにして、全国でも珍しい私立中学校の生徒支援に踏み切った。ＰＴＡや学校から評判もよく、国としても制度化を考えるべきだ。

今は耐震性の問題もあって、校舎の建て替えや改修が必要であるが、そうした事業も県で特別な支援を重ねてきた。最近は、寮の改築などにも、補助メニューを拡大してきている。

こうした支援を背景に、県外にも大いにアピールする私立学校、特長ある私立学校が目立ってきた。

　例えば相撲界にたくさんの力士を輩出している鳥取城北高校。照ノ富士関、石浦関、逸ノ城《いちのじょう》関などの出身校だ。あるいは、一クラス二十人ぐらいの少人数教育で、タブレットを使ったアクティブラーニングを行う青翔開智《せいしょうかいち》中学・高校もある。高校サッカーで有名な米子北高校は、ＦＩＦＡワールドカップ日本代表の昌子源《しょうじげん》選手などを輩出している。このような、様々な私立学校があるということは、地域の魅力にほかならない。

鳥取県立青谷高校のサーフィン授業

　鳥取県でなければできない授業もある。県立青谷《あおや》高校は美しい日本海にほど近い。この学校では数年前からサーフィンを教えている。授業の一環だが、近隣でサーファー相手のお店を営んでいる人が教官になってくれている。県外からの移住者だ。

　海がものすごく綺麗で、日本海なのでよい波が立つ。関西などからサーフィンに訪れるメッカだ。サーフィンの授業を楽しむ高校生は、みんなすごくいい顔をしている。生徒たちは、一度県外に出たとしても、何かのきっかけで鳥取に帰ってくるに違いないと思えるのだ。
ズワイガニ漁の盛んな岩美町の学校では、蟹一杯まるごとの給食が出る。
「海恋し潮の遠鳴りかぞへては少女となりし父母の家」(与謝野晶子)
学び舎を卒業しても、「ふるさとの海」を忘れることはないだろう。

若者の流出防止対策

鳥取に移住する人を増やす戦略は、新型コロナの前までは比較的うまく推移しており、人口の社会増減に関わる転入・転出のうちの「転入」の対策は進んだといえる。地方創生で各地域が取り組んできたのは、「転入」を増やす方策だった。しかし、残された大きな課題は、「転出超過」だ。人口流出に関してはまだまだである。

二〇一九年の人口動態調査によると、移住者数は伸びているものの転入転出差引では千二百四十八人転出超過、つまり減っているのである。どの世代の減少がもっとも目立つかというと、十代後半から二十代前半だ。千百三十六人と全体の九割を占めている。課題は、若者の流出対策とUターンをいかに促していくかということになる。大学進学などで県外へ一旦出て行くことはある意味やむを得ない。ご本人の夢を地元としてもかなえたいので、応援していく。しかしながら、地元に有望企業があるのに、それを知らないまま都会の会社に何となく就職しているのなら、もっと地元のアピールが必要なのだろう。

いくつかトライしているが、一つはスマートフォンアプリである。「とりふる」という名のアプリだが、二〇二〇年二月に運用を開始し、高校卒業前に学校からも案内をしていただくようにした。

このアプリを使って、県内外の学生などに就活情報、インターン情報、鳥取のふるさと情報を提供している。就活イベントへの参加などのアクティビティに応じてポイントがたまり、そのポイントをＷＡＯＮやＡｍａｚｏｎギフト券などへ交換することができる。それ以外にも、鳥取県出身の仲間とつながれる交流イベント、鳥取の暮らし・グルメ・観光に関する情報が、アプリを通じて手に入れることができる。今の時代は、ダイレクトメールを送っても捨てられるだけで、特典があるアプリの方が若い皆さんも関心を持ってもらえるのでは、と考えたのだ。

登録者数は一万人を超えた。利用者の反響が心強い。

「地元大好きな私からしたらありがたいです」

「今まで鳥取のUターン就活を考えてもマイナビでわざわざ検索しないといけなかったから、すごくいいアプリ」

「海外に住んでいるとなかなか鳥取県の情報が得られないので、とても便利に感じました」

「とりふる」を登録している若者たちは、コロナ禍で不自由を強いられているだろう。新型コロナ第二波の夏頃、「『#よきよき鳥取』おうちにお届け！仕送り便」をプレゼントする事業を行い、「とりふる」から応募してもらったら、コロナ禍で販路に困っているような品物も含めて送ることにした。「よきよき」とは、若者がよく使う「いいね」という意味の言葉だ。鳥取から出ている若者は、帰省もままならない夏となった。鳥取の大学生も県外出身者だとわざわざ鳥取の特産品に普段手を伸ばすことはないかもしれない。そういう学生の皆さんに、本県ゆかりの産品を送り、鳥取県への思いをSNSで発信してもらい、鳥取の

若者向けアプリ「とりふる」

アピールにつなげたり、コロナ禍を吹き飛ばすきっかけにしようとしたものだ。県産米「星空舞」、大山ビーフカリー、砂丘らっきょうなどの県産品コースか、「因幡の白うさぎ」「大風呂敷」「白バラコーヒープリン」などの鳥取銘菓コースから選んでもらった。お菓子は、観光土産。製造業者さんは、コロナ禍で販売が一気に落ちて苦しんでおられた。

四千六百七人の学生にこのセットを送ったのだが、これも誘因となって、とりふるの会員数が一万人に達した。品物が届いたら、『＃よきよき鳥取』をつけて自身のＳＮＳを通じて、鳥取県や県の名産品などについて情報発信していただいた。

「コロナで帰省できず家族にも友だちにも会えないからありがたい、懐かしい、嬉しい」

「やっぱ地元のもんはおいしいし心もあったかい」

「愛しているよ鳥取～！私の故郷～！」

さらに、Ｚｏｏｍなどを使って、オンラインで学生と地元の交流会などを開いたり、アプリをテコにした事業を展開している。

また、「ふるさと教育」も大事だ。小さい頃からふるさとのことを学ぶ機会があれば、大人になっても心の中心にとどまって、鳥取県との絆を守ってくれる。県内の企業や市町村、県議会などで、しばしば充実すべきという声が上がる。

色々な皆さんが協力しながら、そうしたふるさと教育の実践が進んできた。地元の企業に協力してもらって、ユニークな取り組みをしている企業の担当者に教室で特別授業をしてもらったり、県庁をふくめて職場体験を組んでみたり。「琴浦《ことうら》若旦那商店街」は、県中部の琴浦町商工会の青年部がやってきた行事だ。子どもたちに人気の職業体験コーナーや、琴浦町の若旦那自慢のグルメが食べられると好評を博した。職業を遊びながら体験できる「キッザニア」のようなイベントだ。一昨年八月には、「とっとり発ミリョク発見！親子でおしごと体験ツアー」を、新聞社やケーブルテレビ局などのご協力で県内各地で実施した。

昨年三月には、「ふるさと鳥取企業読本」を刊行した。県内の二百九十二社の情報を掲載し、冊子の後半部分には、職場体験充実のための方策や活用実践例等も掲載している。地元の身近な企業の魅力を知るとともに、各学校における職業調べや職業体験活動等で活用しようというものだ。企業側も地元の「人財」を切望しており、企業とのコラボで発刊にこぎつけた。

新型コロナの嵐がやむころ、人々の価値観が変容して、ふるさとで生きていく若者が増えてくれればありがたい。

あらたな命の誕生を支える

人口対策で、もう一つの重要な課題は少子化対策だ。

これに関しては、二〇一〇年「子育て王国鳥取県」を宣言。全国トップレベルの子ども医療費の助成、国に先んじての保育料の無償化、在宅育児への支援、婚活の積極的な支援まで、切れ目のない支援を行ってきた。

そうした施策の成果として、私が就任した時期まで年々低下して二〇〇八年には一・四三まで落ちていた鳥取県の合計特殊出生率が、五年後の二〇一三年からは一・六台に乗り、近年はすっかり全国上位の常連県になってきた。よく、少子化対策は財政を投入しても成果が見えない、と言われているが、やってみればそれなりに成果が出るものだ。やらねば、何も得られない。国も、ようやく最近になり、少子化対策を強化するように変わってきた。

こうした中、出生そのものに関わる施策でも、鳥取県は独自の挑戦に踏み込んだ。

まずは、不妊治療である。

鳥取県では、不妊治療が若いご夫婦の経済的負担につながっていることから、その支援にいち早く着手してきた。全国的に晩婚化が進んでいて、出産適齢期に結婚するとは限らない。子どもを授かるために、かなりの出費をして不妊治療を受けることが珍しくなくなっている。

そこで本県は、不妊治療助成の新規重点施策に乗り出した。

「全国の一歩先行く子育て支援」を合言葉に、不妊検査費用の全額助成を、二〇二〇年、全国に先駆けてスタートさせたのである。結婚三年目まで、または妻が三十五歳未満の夫婦であれば、保険適用外の検査費用を全額（上限二万六千円）助成することとした。

米子市にある不妊治療で著名な「ミオ・ファティリティ・クリニック」などの専門的なお考えを伺いながら、二〇一九年度に不妊治療の実態を調べた。その結果、比較的若い、あるいは結婚してすぐのカップルは、「いずれ不妊治療を受けなければいけなくなりそうか」を判定する検査を、早めに受けた方がいいと分かった。妊娠する確率が高くなるし、不妊治療の費用負担も減るだろう。不妊治療というのは、結婚して五年たってもできない、十年たってもうまくいかない、となってようやく受診しようかとなるのが一般的だが、そうではなく早めに診断したほうがよいと判明した。この結果に基づいて、早めに不妊検査を受けてもらおうと、思い切って全額を助成して促進する制度を創設することにした。

併せて、夫婦の願いに寄り添うため、全国一のレベルで人工授精に手厚く助成するよう支援を強化することとした。妻が三十五歳未満の夫婦が行う人工授精について、保険適用外費用の七割を助成する。さらに、体外受精や顕微授精、男性不妊治療といった高度な特定不妊治療は高額になってくるが、県の補助を大幅に拡充した。こうして、二〇二〇年からは、いずれも助成額で全国一となった。

ここにきて、菅義偉《すがよしひで》首相は、不妊治療の助成制度を拡充し、今後保険適用を目指す方針を打ち出している。歓迎したい。国も現場の必要性に心を向けてくれるようになってきた。

鳥取県も晩婚化の傾向が進んでおり、不妊治療を必要とするカップルが増えている。県として、不妊治療の支援を積極的に行って、命を授かる夢をかなえようと寄り添ってきたことが、合計特殊出生率のアップにつながったのだろう。

また、新しい課題として、産後ケアに注目した。実は、国全体としても産後ケアへの支援に着手している。鳥取県では、子育てのスタートという大切な時期に、厳しい環境の中で産後ケアを利用される人のために、二〇二〇年、市町村と一緒に、産後ケアを無料で受けられる「産後ママと赤ちゃんすくすく応援事業」を創設した。

出産はお母さんと家族にとって一大行事であり、母親の体や心の負担も並大抵でない。昔であれば何世代も同居していて、産後の大切な時期を家族内でサポートしていたのだが、核家族化が進み、ましてや母子家庭となればそういう周囲の支援は得にくい世の中だ。産後における乳幼児虐待やうつ病を予防・早期発見するために、各市町村で保健師による訪問・面

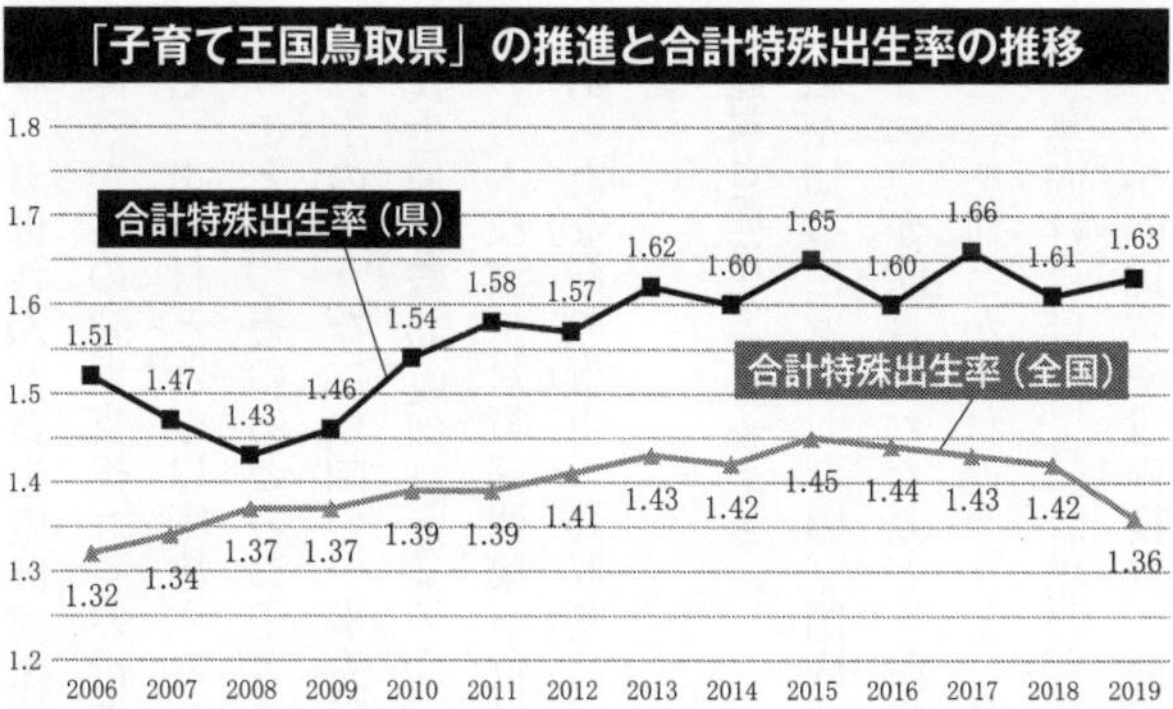

2007年 子育て応援パスポート開始

2008年 婚活イベントメール開始

2010年 「子育て王国」の建国宣言
私立中学校就学支援金

2011年 小児医療費助成中学校卒業まで拡大
人工授精県独自助成を創設

2013年 事業所間婚活コーディネーターを設置

2014年 子育て王国とっとり条例を制定
中山間地保育料無償化

2015年 全県で第３子以降保育料無償化
出会いを支援する「えんトリー」開設

2016年 小児医療費助成高校卒業までに拡大

2017年 在宅育児現金給付等「おうちで子育てサポート事業」

2020年 高校生通学費助成創設
産後ケア利用料の無償化
不妊検査費の全額助成
不妊治療支援拡充（全国一）

談や産後健康診査が行われているが、支援が必要な産婦に対しては産後ケア事業が行われるようになった。産後ケアはお母さんの心身のケアに効果があるが、利用料がネックとなっているケースがあるという現場の声があった。そんなご家庭の手助けができないかと、これも全国では初めて、「産後ケア利用料無償化事業」を二〇二〇年に創設した。

具体的には、鳥取県は、市町村が実施する産後ケア事業の利用料を補填する。これにより、お母さんと新生児は、体調にあわせて、「赤ちゃんの健康、発育などの相談」、「授乳や沐浴などの育児支援」、「お母さんの身体や心のケア、食事の提供」など無償で支援が得られる。市町村とともに実施する全国で初めての試みだ。子育てを始めるタイミングで支援を行うことで、そのあとのお子さまの健やかな成長につながる。

以上のような「全国の一歩先行く子育て支援策～不妊治療費助成拡充、産後ケアの無償化、高校生通学費助成創設など～」は、二〇二〇年九月に「全国知事会先進政策バンク優秀政策」の人口減少対策部門第一位に輝いている。

あらたな命の誕生。鳥取県は、喜んで「ゆりかご」になる。

産業と雇用を守り育てる

私が知事に就任した頃、国内の工場は中国等へ流出したり、リーマンショックもありリストラの嵐が吹き荒れたりと、県内の産業立地も有効求人倍率もかなり悪かった。

これを何とか跳ね返そうと、県外企業への誘致活動を私自身営業マンとして回ったり、県内企業向けには、「鳥取県版経営革新事業」として県独自の企業支援制度を創設し、新規ビジネスへの挑戦や設備投資、雇用を応援する枠組みを設けた。県内企業の支援制度は経産省

鳥取県における実質GDPと有効求人倍率の推移

の人にも驚かれるほど、中小企業主体の本県産業構造に沿った思い切った助成制度となっており、新商品・サービスの開発、販路拡大、最新設備導入による生産性向上、IT機器導入による従業員の負荷軽減やサービス向上、生産工程・サービスの効率化など、間口の広い補助制度としており、これまでに県内企業全体の二割強が活用するくらいに企業サイドから重宝がられ、二〇一九年半ば以降は「鳥取県産業成長応援事業」に発展させている。

また、雇用を単純に増やすだけでなく、雇用の質の改善を図ろうと、「正規雇用一万人創出プロジェクト」を、二〇一五年度から二〇一八年度までの集中対策として実行した。この頃全国的に社会問題化していたのは、非正規労働者の問題だった。ならば、鳥取県では企業の協力を得て「正規雇用を一万人増やそう」

と着手したものだ。そこで、雇用形態を正社員に変更する企業に助成する制度をつくり、誘致企業の上積みや県内企業の雇用拡大により、合計一万三千三百八十二人の正規雇用を創出し、計画を首尾よくクリアすることができた。

私が就任したての頃は、高速道路の整備率はわずか三割で、全国最下位争いを演じていた。だから、企業誘致や観光プロモーションに行っても、「どうやって鳥取県に行けばいいのか」と必ず問われ、唇をかむばかりだった。そこで心機一転、基礎的な交通基盤である高速道路の整備に注力した結果、山陰道、鳥取道など全国の高速道路ネットワークに接続されて利便性が向上。そのため企業側も興味を示してくれるようになり、誘致案件も進み始め、雇用の改善も進んだというのが実感だ。例えば、伸び盛りの産業であった自動車部品産業、それまで県内立地のなかった未来志向の産業である航空機部品産業や医療機器製造業・医薬品産業など、急テンポで企業進出が進むようになった。明らかに潮目が変わったという手応えが出てきた。このように産業の成長を応援してきた結果、県内総生産や有効求人倍率は、厳しいリーマンショック後の低迷から回復しつつあった。

県外の会社を誘致するだけでなく、県内企業の事業拡大や起業においても、新たな展開が花開いてきた。

一例をあげれば、「株式会社SHPREE《シュプリ》」だ。地元の靴屋から展開した新ビジネスだ。都会の狭いマンションだと玄関の靴箱がさほど大きくないから、とくに女性は靴の収納に困るケースが多い。そこに着目して、その靴を預かるサービスを始めたのだ。靴に適した状態で丁寧に保管し、クリーニングも施し、修理もお客様のご注文で行う。都会の住宅事情を地方で補う新しいサービスの形だ。なぜそのビジネスが鳥取で可能なのかといえば、十分すぎるほどのスペースがあるからだ。安く場所を確保できる。そこに靴屋さんの専門的な技術と知見が加わって、お客様の期待に応えるサービスができる。このシュプリを二〇一五年に立ち上げたのは、岸田将志《きしだしょうじ》さんで、Uターン組。家業を継ぐ中で新しいビジネスを展開しようというので、鳥取県も応援した。

最近はテレビショッピングなどで目にするようになった「株式会社バルコス」も、鳥取県の会社だ。もともと街中で鞄屋を経営しておられたが、現在のバルコスを山本敬《やまもとたかし》社長が創業され、今や日本では珍しいブランド鞄メーカーに成長した。宣伝下手という控えめな鳥取人の気質が災いするのかもしれない。なかなか全国や世界へデビューする企業はできにくいのだが、Uターンで故郷に戻ってきた山本敬さんが、最初はドイツのバッグ・ブランドと独占契約をするところからスタートして、そのうち自社ブランド「BARCOS《バルコス》」を立ち上げた。ブランドのバッグなので、デザイナーを目指している人たちが県外から就職してくる。

ゼロから始めての販路開拓は大変だが、きれいなカタログを上手にまとめる技量に山本社長は長けておられて、次第に、国内では伊勢丹や三越などの有名デパート、さらには海外にも販路を広げて、ニューヨークで開催される展示会「COTERIE《コーテリー》」、パリで開催される「PREMIERE CLASSE《プルミエールクラス》」へ出展。さらにミラノで開催される世界最大規模のハンドバッグ展示会「MIPEL《ミペル》」では、過去三回デザイン賞などを受賞している。県の販路開拓助成制度を活用している関係もあって、私も一緒にミラノ万博で鳥取県の観光・物産イベントを実施した際に、ミラノのデパートなどへ売り込みに行ったが、イタリアのバイヤーから評価されているのが誇らしかった。

最近はクロスメディア戦略を展開していて、テレビショッピング、インターネットでも販売している。新型コロナの影響で、実店舗での販売で数字をあげることが難しくなっている一方で、テレビショッピングなどで売上を補っておられると伺った。

このようなブランド・バッグのビジネスがなぜ鳥取で成り立つかといえば、やはり倉庫代の安さが大きく寄与している。商品を保管し販売先に発送するのが、事業の根幹だからだ。大都市では経費がかかる。実際にバルコス本社は、倉庫の中にあるような建物だ。地方でも、アイデアと行動力があれば、志を遂げて成功することができる。

鳥取県は人口五十五万人。小さな県でも大きな仕事ができるということを、県として応援し、証明してみせたい。

新型コロナの後。まだ見えない時代。産業を切り拓く時代の突破口は、大都会だけでなく、自然と絆と健康に裏打ちされた地方にだって、開かれているかもしれない。

安心で心豊かな鳥取にオフィスを

人材派遣会社パソナが、主な本社機能を東京から兵庫県淡路島に移す試みが注目された。二〇二四年五月末までに、役員や社員総勢約千二百人が段階的に移り住む計画だという。鳥取でもそういうケースがあり得るはずだ。

ちょうど同じ頃、ありがたいことに、本社機能の一部を鳥取に移すという事例が生まれた。「株式会社インフォメーション・ディベロプメント」である。本社は東京のど真ん中で、システム運営管理、ソフトウェア開発、システム基盤、サイバーセキュリティといった業務をしている。この会社が、鳥取県西部の米子市に本社機能のうち契約関係の事務部門を移すことになった。さらに他の業務についても検討されているという。

実は、この会社には思い出がある。私が知事に就任して間もない頃、現在は同社の会長で「株式会社IDホールディングス」の代表取締役社長を務めておられる船越真樹《ふなこしまさき》さんに会いに伺ったことがある。用向きは企業誘致だ。山陰放送の坂口吉平《さかぐちきっぺい》社長から、当時の本県の厳しい雇用情勢の中、知り合いの会社だということでご紹介いただいた。当時私は、誘致を働きかけても「鼻で笑われる」かのような空気に戸惑いを覚えながらも、粘り強く企業訪問を続けていた。船越さんにも、是非鳥取県へのオフィス展開をご検討いただけないか、と丁重にお話しした。その時、笑顔ながらも明らかに驚いたような表情を浮かべ、「今そうした展開は考えていませんが、将来に向けては頭に入れておきます」と穏やかに仰ったのを、今もはっきり覚えている。ニコニコしておられたけれど、知事がやってきてトンデモナイことを言うものだから、困惑されたのだろう。貴重な時間をいただいて、申し訳ないと思った。

それから十年くらいは時が流れたであろうか。

新型コロナの影響で中国における事業所の転換が必要になり、船越さんは、思い切って、健康でゆとりのある暮らしができる米子での事業展開は社員のためにもいいだろうと、業務の一部移転を決断されたのだ。新型コロナで新たなリスクが浮上してきた東京から地方へ分散して、安定的な事業を行おうという戦略だ。なかでも様々な契約事務の仕事は、インターネットがつながっていれば場所を選ばない。オフィスの家賃という意味でも、都内よりはずいぶん安くなるのではないか。

今はインターネット環境さえあれば、距離を超えてサービスを提供できるわけで、特に社内の内部事務のようなことは、そうやって切り分けていくことができるはずである。

お菓子の不二家も関連会社の一部を鳥取に移転した。業務の一部を請け負う「ビジネス・プロセス・アウトソーシング（ＢＰＯ）」サービスを展開する「株式会社不二家システムセンター」だ。事業拠点の一つが東日本大震災の影響を受け一時休業をせざるを得なくなったことから、ＢＣＰ、つまり災害が起きたときの事業継続を確保するため、自然災害が比較的少ない鳥取がふさわしいとして、二〇一一年、鳥取駅の近くに拠点を設けたものである。現在鳥取県の県政顧問をお願いしている株式会社不二家の山《やま》田《だ》憲典《けんすけ》代表取締役会長の後押しをいただいたおかげであり、感謝している。

クレジットカード大手の「株式会社ＪＣＢ」が、鳥取市の高台に事務処理センター部門を置くようになったのも、東日本大震災の後、ＢＣＰ戦略の一環として踏み切ったものだ。この二〇一四年に開設された事業拠点は、「株式会社ＪＣＢエクセ」の「ＪＣＢ鳥取ソリューションセンター」として、順調に事業展開を進めている。

今の日本。災害リスクに加えて、感染症リスクも考慮に入れなければいけなくなるのではないか。東日本大震災の後に事業所の分散が起きた時のように、鳥取県もその受け皿の役割を果たしていく。

人間らしく働くワーケーションやサテライトオフィス

「働き方改革」が国全体で進められてきた。そのなかにテレワークも位置づけられてきた。生活と仕事を両立して「人間らしく働く」時代へ。新型コロナがもたらしたパラダイムシフトでテレワークが注目を集めるようになった。さらには、ワーケーションやサテライトオフィスなど、「働き方」と「生き方」がともに変わろうとしている。人間らしくという新たな価値観へ転換する中で、恐らく不可逆的に変貌を遂げようとしているのだろう。

今から振り返ると、「ワーケーション」の端緒だったのかもしれない。

ある大手ICT関連会社の方が、質・量ともに業務が莫大に増えたシステム・エンジニアのなかに、心の病を抱える方がかなり増えてきていると言ってきた。ずっとパソコンの前に座り、システムが正確に動くためのプログラムを組んでいく。納期も厳しいから、そのストレスは計り知れないものがあるのだろう。しかし、人材がすべての産業であり、働く人たちの体調を改善して、安心して復帰できるようにすることが、この業界の課題になってきたという話だった。

そこで山間部にある智頭町を中心にした場所で、そうした方々のリフレッシュ教育プログラムを行うことにした。豊かな自然が残る森の中を歩く、あるいは農業を体験する、といったメニューを組み合わせながら、折々仕事の肩慣らしもするというものだ。評判は上々だった。やはり森に囲まれて暮らすことで、自分自身を取り戻すこともできるのだろう。仕事と休暇を組み合わせる「ワーク＋バケーション＝ワーケーション」は、ストレスの多い企業環境にとって、人材を活用する戦略の切り札にもなる。

そんな働き方を会社ぐるみで進めているケースもある。鳥取市にある株式会社ＬＡＳＳＩＣ《ラシック》である。英語ではなく、「自分らしく」といった「らしく」をもじった社名なのだが、この会社はワーケーションにも通ずるようなビジネスモデルを確立している。ＩＴやＡＩなど先端テクノロジーと、場所に依存しないリモートワークによって、日本全国の「地方」を活性化し、地方創生に貢献する会社だが、自由度の高い働き方を認めている先進企業だ。

このＬＡＳＳＩＣで働いておられる橋本芳昭さんは、度々ＮＨＫなどでも取り上げられてきた方だ。会社ではシステム関係のプロジェクトで活躍されておられる一方、もう一つの顔も持っている。東日本大震災の後、東京から鳥取に移住され、LASSICとカヌーに出会われた。日本海や山も身近に感じることができる環境でのびのびと子育てをされながら、夏の間はカヌーのインストラクターを務め、それ以外はLASSICで働く生活を送っておられる。鳥取県のようなところであれば、こういう人生もアリだろう。

新型コロナに端を発した劇的なパラダイムシフトが起きる中で、働くスタイルも転換し始めている。そのことをここ数年、肌で感じるようになった。これをチャンスと捉えれば、鳥取県から地方発の新しいビジネスが生まれてくるかもしれない。

鳥取県では、サテライトオフィスやワーケーションを積極的に推進することとした。例えば、県東部八頭《やず》町の「隼Lab.《はやぶさラボ》」は、旧隼小学校をリノベーションした複合施設である。一階はカフェやコミュニティスペースになっていて、教室などを開催しているが、二階・三階に、さまざまな企業、個人で仕事をする人たちが利用できるシェアオフィスや、個室ではなく共有型のオープンスペースで仕事をするコワーキングスペースもある。最近では、ワーケーションなどのオンラインセミナー会場にもなっている。

隼Lab.が核になって、さまざまなベンチャー企業が集まる。鳥取銀行もこのプロジェクトを応援している。最近は入居希望が増えてきたため、プレハブの新オフィスを敷地内に急遽増設したくらい好評である。隼Ｌａｂ．の運営は地元出身で東京から戻ってきた古田琢也代表取締役社長ＣＥＯ率いる株式会社シーセブンハヤブサだ。周囲と隔絶された場ではなく、地域と融合する場となるように工夫を重ねており、多様な生き方がゆるやかに重なり合い、ここで生まれる新たな学びが、一人ひとりの暮らしを豊かにする場を目指している。例えば、入居企業などを交えて祭りを催し、その企業のベトナム人エンジニアや地域の住民たちが一緒に祭りに参加する。東京のオフィスなら絶対に見られない光景。外国の人と交流したことのなかった住民にとっても、今までにはなかった出会いの機会となった。隼Ｌａｂ．のレストランスペースも、普段は地域のお客さまが来店するコミュニティの中心である。

隼Ｌａｂ．以外にも、同様の拠点が形成されてきた。

鳥取県中部の倉吉市に二〇一八年にできた「ＳＵＩＫＯ《スイコー》　ＷＯＲＫ《ワーク》　ＣＡＭＰ《キャンプ》」も、グランピングをテーマにしたカフェのようなコワーキングスペースを提供する。鳥取県中部地震での被災をバネに整備された。「一般社団法人Work《ワーク》 Design《デザイン》 Lab《ラボ》」と連携して、都会からの副業人材の受け入れにも関わっている。

鳥取県西部の大山町の「ＴＯＲＩＣＯ《トリコ》」は、人と人をつないで新しい事業を創りだす拠点となるオフィスとして、二〇二〇年にオープンしたばかりだ。人気のカフェレストラン

「ＢＩＫＡＩ《ビカイ》」の海がよく見える二階を、コラボレーションオフィスとして開放した。

八頭町には、閉校した大江小学校を改修した「ＯＯＥ《オオエ》 ＶＡＬＬＥＹ《バレー》 ＳＴＡＹ《ステイ》」というハイグレードな農泊施設がある。こちらも、「スノーピークビジネスソリューションズ」による中国・四国初のキャンピングオフィスを誘致している。

米子市の名湯皆生温泉の「東光園」は温泉旅館のロビーラウンジを、企業やビジネスパーソンが利用できるコワーキングスペースやサテライトオフィスとして提供している。いつでも温泉を楽しめるし、もちろん食事も可能だし、部屋も色々ある。旅館だからだ。夜は宿になるが昼は人がいなくなるのを逆手にとって、有効活用するアイデアだ。

ワーケーションの中には、「研修型」もある。

企業の人材育成支援などで著名な日本能率協会マネジメントセンター（ＪＭＡＭ）と、鳥取県は二〇二〇年八月に協定を結んだ。ＪＭＡＭに伺えば、ワーケーション型企業研修プログラムの場として、鳥取を選んだという。

協定締結に併せ、長谷川隆会長との対談イベントがあったが、長谷川会長の狙いはこうだ。

昔のレコード盤で言うと、ビジネスに直結する知識やスキルは「Ａ面」、それ以外の人間的な部分は「Ｂ面」と捉えられるが、両面の成長を支援する必要がある。ＪＭＡＭでは、「ラーニングワーケーション」と呼んでいるが、A面だけでなく、人間的な「B面」の支援も視野に、鳥取県の雄大な自然との共存経験や、地域課題に向き合う企業・人材等のネットワークを活かし、「学びのプログラム」を組み立てようというものだ。

鳥取砂丘除草ボランティア

例えば「鳥取砂丘でサステナビリティを考える」というテーマを考えた場合、初日は、鳥取砂丘の保護と利用の歴史などについて実地に学ぶ。二日目は「乾燥地の研究」として、事業者や鳥取大学の話を聞きながら、砂丘地農業などの最前線に触れる。このプログラムの折々で、砂丘を歩いたり、シーカヤックを体験したり、バーベキューで交流したり、とB面の支援も行っていく。砂丘を生かしたワーケーションというわけだ。

そういう話だったので、砂丘の砂だけに、鳥取県としてもサンドーしたのだ。

「副業」を「福業」に

一昔前、「会社人間」という言葉があった。「社畜」とも。日本はそういう国だった。

その「絶対」がほころび始めている。「タテ社会」と評され、組織への忠誠が美徳だった日本において、会社と社員の関係が変わり始めている。日本社会では会社などの「場」が最も重要視され、組織のウチとソトとを峻別《しゅんべつ》し、個人の能力よりも「場」における序列の方が大事にされる。そういう中根千枝先生の提唱した「タテ社会」モデルでは想定されていなかったような新しい働き方が、コロナ禍の影響も加わって急速に広がり始めている。

それは「副業」だ。

これまでの移住定住政策は、住所を移し定着することを目指してきた。鳥取県も一定の成功を移住定住政策で導いてきた。しかし、これにこだわると、人数としてはどうしても限界がある。移住するということを了解してもらうには、引っ越してください、転職しませんか、と問いかけることになる。そうなると、仕事も住んでいるところも、場合によっては家族も友人まで、すべて捨ててください、と迫ることになる。現実にやって来ていただくには、相当ハードルが高い。だから、これまでの経験で、受け皿となる仕掛けとして、鳥取県では、お試し住宅や受け入れ支援者のネットワークまで用意してきた。でも、そんな引っ越しを絶対的な条件にしなくても、鳥取県で能力をいかしていただくことは可能だし、逆に住まいはそのままに鳥取県での生活体験もしてもらえば、十分な効果はお互いにウィンウィンの関係で得られるはずだ。また、週に何日か鳥取県の会社で働くというのであれば、それだけ待遇も高くなくてもよいことになる。しかも、今までであれば、「タテ社会」の最強ユニットである会社が副業を許さなかったが、今はその制限を解除する大手企業が増えてきた。二〇一九年五月の日本経済新聞の調査では、実に東証第一部上場企業の半分もが、従業員に副業を認めているという結果になった。「ハードル」は確実に下がったのだ。

この状況を鳥取県の企業の人材獲得にも生かそうと、私たちは動き始めた。大都市部にいる経験豊富なビジネスパーソンたちの経験や知恵を、鳥取の企業に役立ててもらおう。

「副業・兼業人材を募集する」

二〇一九年、東京で「地方創生！副業兼業サミット」を開催。同時に、副業・兼業人材の募集を行った。「鳥取県で週一副社長」と銘打ったところ、千三百六十三人もの応募をいただいた。募集した鳥取県の十四社に対して、なんと百倍の応募があったのだ。

知事選後の「肉付け予算」となる二〇一九年六月補正予算に盛り込んだ「ビジネス人材確保とっとりモデル推進事業」の一環として、同年十一月に実施した「鳥取企業スタディツアー」には、東京圏から十六人、関西圏から三人が参加した。そのレクチャーに出かけた私は、名簿を目にして驚いた。いずれも日本を代表する有名企業に在籍する人ばかりだったからだ。今まで人材を抱え込んでいた大企業も、副業推奨に舵を切っている……。

「東京から鳥取は一時間と意外に近い」

「首都圏の飲食店・介護施設などへの販路確立に、協力をしてみたい」

「マーケティング強化によるキャッシュフローの改善を試みたい」

「事業ごとの収益性・成長性を分析したビジネスモデルの構築を支援したい」

「社外役員として営業ネットワーク構築やマネジメントに関与したい」

参加者の意欲的な声に接し、受け入れた私たちは、士気の高さに耳を疑った。

スタディツアーは三日間。鳥取の地域企業を実際に訪問してもらい、経営者と直接経営課題を話し合い、どうすればブレイクスルーできるかを、ツアー参加者の皆さんから語ってもらった。経営者からすれば、なかなか思いつかない生産性向上に向けたアドバイス、商品開発、デザイン、販路開拓先など、外の目でしか分からないアイデアを得ることができたようだ。

こうした二〇一九年度の「鳥取県で週一副社長」の結果、十二社の県内企業に二十三人

「鳥取県で週一副社長」の募集

（うちツアー参加者二人）の副業採用が決まった。仕事の内容としては、「経営や企画の相談役」が十一人、「新規事業プロジェクト」が四人、「マーケティング戦略」が八人となった。

例えば、カニ殻などから作る新素材「キチンナノファイバー」のベンチャー企業に採用された人は、ＷＥＢマーケティングディレクターを担うこととなり、金融機関に採用された人は、地方創生アドバイザーとして業務委託を受けることになった。

二〇二〇年は、新型コロナの感染対策上から、九月にオンラインで「副業兼業サミット～週一で地方企業の副社長になる～」を開催した。また「鳥取県で週一副社長」のため、副業マッチングプラットフォーム「スキルシフト」内に、鳥取県専用の特設サイトを開設し、二〇二〇年九月十八日から副業・兼業求人の募集を開始した。今年度は昨年度比五倍の七十一社から求人の手が上がった。評判を聞いて企業の採用意欲が急速に高まったのだ。募集スタートから閲覧者が殺到し、一時サーバーがダウンする事態になるほどだった。今年初めには、ポスト・コロナの時代をどう生きていくかを真剣に模索している人が多いことを裏付ける結果となり、千二百九人の応募の中から、五十二社八十三人の採用が決まった。リモートを活用して、シンガポールやオランダに住む人も、副業で働いてくださるという。

求人した企業の担当者は、

「初日で四人の応募があり、嬉しい」

「応募者の経歴がすごい。この金額で仕事をしていただけることに感謝している」

と、喜びの声を口にしていた。

副業のマッチングに鳥取県が乗り出したことは、コロナ禍で思わぬ展開を呼んだ。鳥取県の活動がＡＮＡの人事当局の目にとまり、鳥取県の県立ハローワークに打診が舞い込んだのだ。

「全日空の社員を、鳥取県の事業所に出向させたいが」

新型コロナの影響で大きな打撃を受けて大変な苦境にある中、社員をしばらくの間出向させるという構想だ。

鳥取県には鳥取砂丘コナン空港と米子鬼太郎空港があるが、いずれもＡＮＡしか就航していない。ＡＮＡとは、観光でもビジネスでも、鳥取県は運命共同体の関係にある。お世話になっているのだから、恩に報いる時だ。県内企業にとっても、全国での就職人気ナンバーワンのＡＮＡの社員が自分のお店や会社に来ることは、戦力アップになるし勉強にもなる。それどころか、鳥取県庁で受け入れてもいいのではないか。私は「ＡＮＡホールディングス株式会社」の片野坂真哉《かたのざかしんや》代表取締役社長にお電話をし、

「鳥取県の企業もぜひ全日空の社員を迎え入れたいと言ってます。全日空は鳥取県の大切なパートナーであり応援申し上げます。働く場として県庁も考えられます」

とオファーをした。片野坂社長は、県庁は想定外だったが可能なのか、と仰るので、これまでもダイキン工業さんなど民間企業との実績はある、とお伝えした。鳥取県の企業では、鳥取銀行でＡＮＡ出身の山脇彰子取締役がおられたこともあるなど、キャビンアテンダントをはじめとした人材について評価が高い、と申し上げると、電話の向こうで社長さんは嬉しそうな声をした。

新型コロナの生んだ雇用危機というのは、うまく対処しないと産業や企業の息の根も止めてしまうかもしれない。優秀な人材を完全に手放してしまったら、コロナ収束後の事業展開ができなくなってしまう。とくに航空業というのは、産業基盤や観光需要を支える大きな役割があり、地方の存立にとっては不可欠な産業である。そういう意味で、運命共同体として

航空業界をサポートするのは大事なことだと考えたのだ。鳥取県が先鞭をつけたのはそういう理由があった。

例えば一流の接客技術をもつキャビンアテンダントに、たとえ一定期間でも組織に所属していただくことで、そのノウハウや人のつながりというのは残っていくだろう。苦境にある企業だから手を差し延べるというだけではなく、鳥取県内の人材育成にも役立つはずだ。

「副業」はサブの仕事ではない。「副業」により、本人にとっても、「会社人間」では経験できなかった世界を経験し、相手先で成果を上げることが自己実現の喜びにつながる。副収入以上の幸福を手にする「福業」になる。また、採用側にとっても、普段なら得られない技術や知識、発想を手にすることができ、幸福をもたらす懸け橋になる価値ある「福業」となる。

ワーケーション、副業、サテライトオフィス……。

新型コロナは、働く場と住む場を相対化させる「パラダイムシフト」へと引き金を引いた。この流れを引き込めれば、鳥取県に関わりを持つ「関係人口」が生まれることで、地域が新型コロナの先の未来に向けて発展する道が、開けるかもしれない。

「関係人口」は、鳥取県にとって「歓迎人口」だ。

鳥取県へ「ウェルカニ！」だ。

第五章　新型コロナを越えていけ

新型コロナ襲来による試練の年となった昨年一年を終えてみれば、鳥取県は全国最少の陽性者百十九人に抑え込んだ県となり、新型コロナと独自の戦いを挑んだ県として知られるようになった。

四月十日に一人目の陽性者が確認されるまでの間に、病床数を増やしPCR検査を多用する鳥取方式を確立し、他の都道府県が陽性者対応に追われていた間、準備を整える時間を稼ぐことができた。四月は結局合計三人の陽性者。散発的発生にとどまった。

その後七月から第二波がやってきた。第一波以上に県内でも感染の連鎖が広がったが、早めのPCR検査と積極的疫学調査で、感染拡大を抑え込み、クラスターが発生することもなく推移した。

この間も検査は数多くこなしていた。検査時に個別の事情を伺い、感染が疑われる状況報告を逐一把握していただけに、陰性確認が続くと、神が奇跡をくれた感覚を抱いていた。

七月・八月の第二波は、鳥取県外から次々と新型コロナウイルスが入ったことで同時多発的に陽性者が出た。しかも、その感染の連鎖がつながっていった点で第一波と異なる展開となった。緊張感のある日々が続いたが、それでも鳥取県独自の戦略で、PCR検査を全面展開して、感染者を早期に見つけることにより、早めに連鎖を断つ。
夏休みも終わった八月末の段階で、累計の感染者数は二十二人。一旦は静かになったかに見えたのだが……。

新型コロナと闘うため国と地方のパートナーシップを

新型コロナウイルスに対する闘いは、挙国一致の総力戦でなければいけない。見えない敵は都道府県境に関係なく攻撃を仕掛けてくるし、国民の命と健康を脅かす。法律上も、「新型インフルエンザ等対策特別措置法」（特措法）や「感染症の予防及び感染症の患者に対する医療に関する法律」（感染症法）などで、政府、都道府県、保健所等がそれぞれの役割を果たすことが求められており、国、都道府県、保健所機能を任せられた政令指定都市・中核市等の保健所設置市など、国・地方すべてが連携して新型コロナの感染拡大防止や予防に関わる対策を実行していくスキームになっているのである。

だから、政府と私たち知事とのコミュニケーションが大切になるし、私たち知事四十七人でつくる全国知事会も変わらなければならない。

新型コロナ対策に臨まなければならない現在、全国知事会は結束を固め、緊迫した地域への支援にも乗り出し、鳥取県は埼玉、沖縄、北海道、大阪へ看護師や保健師を送ってきた。

全国知事会として、昨年二月二十五日に「全国知事会新型コロナウイルス緊急対策本部」を設置し、全都道府県が構成員となって対策を共有することとした。本部長は、全国知事会会長の飯泉嘉門《いいずみかもん》徳島県知事だが、本部長代行に私を指名し、同じ副本部長の黒岩祐治《くろいわゆうじ》神奈川県知事・西脇隆俊《にしわきたかとし》京都府知事とともに、舞台回しをやってくれと頼まれている。実は飯泉知事は旧自治省時代の同期で、ともに三十七年間ずっと地方自治をライフワークとしてやってきた「同志」である。長野県の阿部守一知事も同期だ。だから、年中無休で同志である会長を支える。霞が関などにいる旧自治省同期の仲間には、「飯泉知事は会長だけど、俺は今でも中間管理職」と軽口を叩いている。いずれにせよ、この緊急時に気心の知れた同士で難局に当たる奇遇を得たのは、意思疎通の面でよかったかもしれない。宿命と心得て、獅子奮迅結束して闘わなければならない。

通常時の全国知事会は、政府への要望をとりまとめたり、震災対策・地方創生はじめ共同で行うべき課題の検討や事業実施を行うことが主たる役割で、年に数度総会があり、毎年首相官邸で総理大臣や閣僚と協議するなどの活動を行ってきた。

ところが新型コロナの感染拡大以降は、何もかもが変わった。背景には、それぞれの知事は、例外なく、住民やメディアの矢面に立たされながら、日々変転するウイルスとの闘いの陣頭指揮を担うことになったことがある。そんな中、お互いに苦労を分かち合っている連帯感が育ってきたように思う。ブロックごとに知事同士で相談したり、電話でお互いやり取りをしたりすることも、数えきれない。

感染症対策の必要上、また緊急に招集することが大半なので、知事会新型コロナ対策本部会議はインターネットを介して実施され、頻繁に行われている。各知事は皆、切実な問題を抱えており、テレビ会議方式の会合には忙しい中でも日程を合わせて多くの知事が出席するようになった。空前の出席率を誇るようになり、例えば二回目の緊急事態宣言発令後今年一月九日の会合には四十七名中四十三名が出席した。かつてないほど求心力が高まったのは、各都道府県の危機感の表れだ。その会議はすべてネットで公開し、国民の皆様や関係者に共有していただく。全国知事会はすっかり変わってきた。

知事会新型コロナ対策本部会議を開く度に、国民の皆様へのメッセージや政府への要望をとりまとめる。これらを会議終了後速やかに成案にするのが、私の役回り。だから会議中暇なくメモを取り、文章作成。「中間管理職だ」と念じつつ。結構なストレスだ。

政府と私たち地方側との間で、一昨年から懸案だったのが、公立病院・公的病院の整理統合問題だった。地方側は命を守る最後の砦と訴え、地域医療構想の進捗に前のめりな厚労省とやりあっていた。しかしながら、このことで厚労省の政務の皆さんともお互い電話やメールでも連絡を取り合う関係になったことが、新型コロナ対策で逆に幸運だったかもしれない。

実は知事会新型コロナ対策本部を組織する前に、厚労省の政務の方々から、新型コロナは局面が悪化するかもしれない、というサインをいただいたので、国・地方連帯した体制づくりも念頭に動いたものだ。国は各省庁の集合体で権限が各省庁に分掌されており、現場を一元的にコントロールする立場にはなく、都道府県が現場の要を担う。地方側から必要な対策を提起されてはじめて、政府もその重要性を理解することも多かろう。

政府関係者の名誉のために申し上げれば、この度の新型コロナ対策は、未だかつてないくらいに、地方の考え方を政府も政策に反映してくれていると感じる。国・地方のパートナーシップが、期せずして新型コロナ対策で新たなステージに入ったと思う。

例えば、当時の安倍晋三首相が、昨年二月二十七日の政府新型コロナウイルス感染症対策本部会合で、全国一斉臨時休校を要請すると表明。各地の現場はテンヤワンヤ。急ごしらえで休校中に放課後児童クラブを増やす必要が生じ、現場では、休校で空いた校舎を利用し学校の先生が指導する方式を考えた。しかし厚労省の事務方は、放課後児童クラブは「支援員」が二人以上必要で、学校の先生であっても資格がないのでダメだと冷たい返事。そこで全国知事会から緊急に厚労省へ規制緩和を要望した。二月二十九日土曜日のこと。私の携帯が鳴る。「加藤大臣」だ。私から、これこれの事情です、と放課後児童クラブの要望を説明すると、「至急改めます」と。半信半疑だったが、当時の加藤勝信《かとうかつのぶ》厚労大臣の指示で、すぐに担当部局から全国へ規制緩和の通知が出された。月曜日からの一斉休校を前にこれほど迅速に役所の事情より地方の実情を優先して加藤大臣が動かれたことに、正直驚き感謝した。

また、昨年三月には、新型コロナ対策を政府や知事が法的権限を駆使して行うことができるよう、特措法を改正して新型コロナを対象とすることを求め、全国知事会から当時の菅義偉官房長官や西村康稔《にしむらやすとし》大臣に対して緊急要望を行い、特措法改正を実現していただいた。現在に至るまでも、度重ねて西村大臣、田村憲久厚労大臣、河野太郎大臣など、テレビ会議方式を活用して頻繁に全国知事会から緊急要望を行うとともに、政府側と協議を繰り返しているが、このようなことは未だかつてなかったことだ。

結局のところ、新型コロナ対策を実行していくには、保健所や病院などの現場を含めて各地域の現実と向き合い、それぞれに必要な対策を的確に行わなくてはならない。そういう現場を束ねる立場の知事としては、政府に対して、法制度や予算がどうあれ、足りないものは足りない、必要なものは必要だとズバリ言う。政府も、色々な事情・背景があるものの丁寧に私たちの声を受けて検討し、平常時なら法改正や予算などそう簡単に実現に至らないものだが、新型コロナ対策は優先対応で対処してくれている。現場の緊張の中にある我々知事は「結果が出てナンボ」なので、時に厳しいことも申し上げるが。

まだまだ正念場が続く。国と地方が心ひとつに闘っていくことに、汗をかいていく。

新型コロナ分科会で現場の声を

第一波が収まったかに見えた頃、当時の対策の要だった専門家会議を廃止して「新型コロナウイルス感染症対策分科会」を設置する、という報道で賑やかになった。専門家会議の状況を総括の上、経済界や現場の地方代表なども構成員に加えるという。

青天《せいてん》の霹靂《へきれき》だったが、私も突如指名をいただくこととなった。全国知事会の新型コロナ担当だからなのだろう。分科会の第一回会合は、昨年七月六日に開催された。

不安は多かった。感染症の専門家などのメンバーの中で、一人浮いてしまうのではないか。かといって現場の実情に基づいて、対策の内容や政府の施策について、モノを言わないわけにはいかない。

幸いだったのは、尾身茂会長が、国際的なＷＨＯでのご経験や僻地《へきち》医療の要である自治医科大学関係者であったこともあるのか、公平に各構成員の発言を拾ってくださり、なるほどと思えることなら、たとえ私のような他の構成員から見ればアウトサイダーの発言であっても、即座に分科会の結論ペーパーに反映してくださる姿勢だった。大臣はじめ政府関係者も、構成員の意見に真摯に対応しようとされているのもありがたい。

私の役割を果たすべく、分科会前に都道府県の意見を集めて、分科会の議論に現場の声を届けている。高名な先生方で構成されている分科会だが、意外に日本各地の事情を深層から理解いただいているわけではない。当初、会合の空気を見て強調したのは、「全国の新型コロナ対策は決して一律ではない」ということだ。構成員の大半は東京とその周辺の方々で、テレビや新聞の報道も、一部大都市の話ばかり。例えば当時はＰＣＲ検査を受けるのも大変で、受けられたとしても結果が出るまで何日か

政府の「新型コロナウイルス感染症対策分科会」

かかる、と皆が信じていたが、前述のとおり、鳥取県なら濃厚接触者以外も検査するし、検査結果も即日出てくる。こんな具合で議論が噛み合わないように思えたので、大都市型と地方型で、保健所の仕事や入院の範囲などが異なると注意喚起した。

分科会発足当初、大都市や医療関係者は医療崩壊を起こさないことに力点を置いていたのに対し、地方や多くの国民はそもそも罹患者数を減らすことに関心があった。今やステージⅢ・Ⅳはすっかりお馴染みになったが、この数値基準を分科会で議論する際、専門家の先生から出てきた原案では病床占有率等のみでの判断になっていたことから、世間の関心に近く、そもそも医療現場の負担を根本から抑制するためにも、新規感染者数等の数値も指標に加えるよう主張し、最終版では感染状況の項目・数値が追加された。

大都市と地方の違いは他にも影響した。突如として新型コロナ患者の入院の取り扱いを変更すると厚労省が検討に着手し、軽症者は入院させずに「ホテル療養を原則」とするよう「徹底する」と報道された。ごく一部の大都市でのホテル療養促進を図るために、こういう制度改正を考えたようなのだが、たちまち私の電話に他県の知事から反対意見がかかってくる。同時に国は感染症としてのカテゴリーを改めるような報道もあったので、保健所の積極的疫学調査をやめることになれば、感染拡大は防げなくなると反発する意見も殺到。私は、分科会で語気を強めて率直に申し上げた。

「軽症者等は『ホテル療養を原則』に改めこれを『徹底する』となれば、各都道府県は苦労して確保した病床を返上することになるが本当にそれでいいのか」

議論の結果、大都市部の運用と地方部の運用との違いがあることが確認され、従来どおり、知事の選択により、患者全員の入院を行い早めに医療提供し重症化を防ぐ運用を継続することが容認され、保健所の積極的疫学調査の原則も堅持されることとなった。

ワクチン接種の優先対象をめぐっても、当初示された原案では高齢者、基礎疾患のある人、新型コロナ医療従事者等に絞る案だったが、「まず第一に、大きな目標として、国民すべてに必要なワクチン確保のために全力を挙げるよう政府に求めるべき」と申し上げ、併せて、「現場からすれば、高齢者や障がい者の施設職員、新型コロナ対策最前線の救急隊員・保健所職員など、一定の必要性が認められる人たちも加えるべき」と主張した。その後も議論を繰り返し、最終的にはワクチン優先接種対象者の拡大が認められた。

年明けの今年一月八日の分科会会合では、全国知事会の立場から私自身度重ねて主張してきた特措法・感染症法の改正について、議論していただいた。これまでの議論を通じて、分科会の先生たちにも、実効性のある新型コロナ対策を進めるため特措法や感染症法の改正が必要なことについて、ご理解が進んできたことを実感した。西村・田村両大臣からも、現場の問題意識に沿った改正案検討の決意が述べられた。改正法可決後二月六日に開かれた知事会新型コロナ対策本部会議では、改正の趣旨は「ルールを守って地域全体で感染防止に取り組むこと」だとして、国民の皆様へ協力を呼び掛けた。罰則自体を目的としているのではなく、皆で協力して新型コロナを抑えることを目指しているからだ。

わが国の新型コロナ対策に重要な役割を果たすのが分科会だ。現場に沿った有効な対策になるよう、私も及ばずながら国全体の新型コロナ対策と現場の懸け橋となる。

鳥取県独自のクラスター対策条例を制定

国が法的措置を講じないなら、いっそ鳥取県でつくることにしよう。「クラスター対策条例」だ。昨年七月二十八日の記者会見で、全国で初めて条例化を検討すると表明した。

狙いはクラスターだ。新型コロナウイルスの特徴は、三密などの条件で起こりやすいクラスターにより爆発的に広がることだ。他の感染症とはここが違い、急所でもある。

県民・事業者の皆さんや市町村にも協力していただき、クラスターの発生を予防するとともに、クラスターが起きた場合には、そこを起点として感染が一気に拡大しないように、迅速な対策をとれるような規定を設けることにしたものだ。ただし、過剰な権利侵害にならないように必要最小限の制限とし、当時全国的に問題が顕在化してきた患者や医療従事者、さらにはお店も含めた誹謗《ひぼう》中傷対策も検討することにした。

早速「鳥取県民参画基本条例」に基づき、重要案件であるので「県政参画電子アンケート」を実施した結果、①クラスター施設等の名称公表、②施設の使用停止、③患者・医療関係者等の差別禁止の三設問とも、約九割の方が「いいことだと思う」又は「どちらかというと、いいことだと思う」と回答された。どの年代でもほぼ同様の傾向で、圧倒的に県民が支持していた。いや、強く望んでおられた。

さらに飲食業、宿泊業、商工団体などのご意見を伺ったが、クラスター施設の名称公表については、すべての関係者と連絡が取れた場合は免除すべきという意見が出た。もとより、懲罰的な観点で名称公表をしようと考えたわけではなく、利用者にクラスター発生をいち早く知ってもらい、速やかにPCR検査を受けていただくことが目的なので、事業者側のご意見にしたがうこととした。実はこの公表免除要件が逆にクラスター施設の接触者の把握が早く進む促進圧力になったのだから、文殊《もんじゅ》の知恵だったのだが。また、同様に強いご意見のあった店舗閉鎖時の協力金についても、条例に盛り込むこととした。

こうしてとりまとめた「鳥取県新型コロナウイルス感染症拡大防止のためのクラスター対策等に関する条例」案を、八月二十五日に招集した臨時議会に提案した。様々なご意見が出たが、クラスター施設に対する蔓延《まんえん》防止のための知事の「指示」を「勧告」にするなどの議会からの修正がなされたうえで、全員一致で可決成立した。意見の違いを乗り越え、県民の願いに応えて、一日も早く鳥取県独自に効果的なクラスター対策を行えるよう、スピード可決をしていただいた県議会には敬意を表する。

このクラスター対策条例により、事業者や県民も含めて感染予防・クラスター発生予防に努めることとなった。また、感染対策をしているお店を県民も含めて応援する。（第五条）

万一クラスターが発生した場合、感染拡大を防止するため、事業者は直ちに施設・店舗等の使用を停止し、保健所の指導に従って消毒等を行う。その場合、事業者が予防対策を適切に講じていたにもかかわらずクラスターが発生した場合などは、県から協力金を給付する。事業者が自主的に適切な措置を講じないときは、県は施設等の使用停止の勧告を行う。勧告は罰則ではなく、クラスターからの感染拡大を遮断するためである。（第六条・第八条）

施設の名称公表は、速やかに関係者を特定する必要から行う。しかし利用者全員に速やかに連絡したときは公表を免除するという、抑制的なルールとした。（第七条）

全国的には、感染発生の有無を問わず例えば業種全体や一定地域の営業停止をする実務がみられる中で、鳥取県の条例の特徴は、クラスター施設に限定した最小限度の使用停止にとどめていることだ。罰則は見送りつつ、感染拡大防止に集中する。（第九条）

そして、クラスター関連もそうでないものも含めて、陽性者やその家族、医療従事者等をみんなで応援することとし、誹謗中傷等を禁止する規定を設けた。（第十条）

このように、新型コロナ対策の急所となるクラスター対策に集中して対処し、人権配慮に対する自治体としての決意を示す条例が発効した。都道府県で初めてとなる画期的な条例だ。

クラスターを迎え撃つ「弾ごめ」は完了した。

修羅場に次ぐ修羅場　新型コロナから県民を守れ

クラスター対策条例が九月一日に全面的に施行されたが、まるで図ったかのように、その十日後に、クラスター対策条例が初めて適用される感染例が生じることとなった。

「栃木県在住の方一名が陽性判定」という第一報が、昨年九月十一日の夜、東京で分科会に出席していた私のところに入ってきた。深夜に、よく調べるように電話で指示をして、翌日県庁でどういう案件か担当部局から伺った。今までの調査では、主に北関東から集まってきた建設作業員で、一軒家の同じ宿舎に滞在しているとのこと。

「これはクラスターかもしれないね」

私がそう言うと、その場の一同は怪訝《けげん》な顔をした。偶然なのだが、二週間ほど前、あるメディアからインタビュー取材を受けたときに、鳥取県の徹底的なＰＣＲ検査や入院体制強化に興味を持っていただいたらしく、全国の状況等について取材後に率直に話し込んだことがあった。その際に教えていただいたのが、全国では最近建設関係者が宿泊所で泊まり込んだり、賑やかに飲食をしたりしたケースで、各地でクラスターが相次いでいるということだった。今回の事例だって、そのパターンじゃないのだろうか。

とにかく、同宿している人たちなど、濃厚接触者に限らず接触があった人について、できれば一人残らず今日中にＰＣＲ検査をしよう、早いがいい、もしものときの入院対策や、特別の配慮が必要ならそれも手配しよう、と話し合った。その後、別件で政府高官が来県していたのでその会議等の方に回り、終了後県庁へ戻る車中でもう一度頭を巡らせた。先ほど聞いた一軒家の宿舎の状況、そこでの飲食等の可能性、どの程度長い間集団で寝泊まりしたか……。「これは必ずクラスターになる」と私は思いを深めた。車中から担当部局に電話をして、恐らくＰＣＲ検査が出れば陽性者がかなりの確率で出るだろう、万が一に備えてクラスター対策条例を適用することになったときの対応案を考えるようにと、お願いした。

しばらくして、私の携帯電話が鳴った。

「知事のお見込みのとおりでした。なんと八名も陽性でした」

その日十二日の夜十時から緊急の県対策本部会議を開いた。条例に基づく宿舎の使用停止も視野に、蔓延防止のため会社側に対して速やかな対策をとるよう働きかけることなどを決めた。職員にお願いしたのは、クラスター対策条例をテコにして一日も早く収束させること、陽性判明者の関連の人たちに幅広くPCR検査に協力してもらい、さらに陽性が出れば入院をしてもらうことで、街中に感染が広がることがないように食い止める戦略で臨むことを求めた。また、ベテランの藤井米子保健所長のところに、県庁から今回のケースに即し新設する住田クラスター対策監を派遣することにし、そのほかにも多数の応援職員を送り保健所体制を即座に強化することとした。

当初難航したのは、この関係会社側との交渉だった。そもそもどこが建設現場なのかも判然としない。責任者が関東から来ていたが、積極的に対応していただけていないようだ。正直謎が多い特殊なケースだった。何とか責任ある対応をしてもらえる方策はないだろうか。

また、宿舎で共同生活をしていた方の一部は陰性だったが、宿舎にとどまる構えを見せていた。私は、同じ場所にとどまると新たな感染者が出かねないので、クラスター対策条例をタテに交渉して閉鎖してもらうのが望ましいと考えていたが、一筋縄でいきそうにない。

翌十三日未明、私はまた目が覚めてしまった。毎日PCR検査や患者の動向に振り回されて、どうも眠りが浅くなってしまう。夜明け前だが、ネットで調べてみようか。今保健所が相手にしている会社は、言っていることからして、あまり処分権・決定権がなさそうだ。話の感じでは、今相手にしている会社よりも、資本力があり組織もしっかりした元請けのような会社があると考える方が自然だろう。まだ判然としない建設現場の可能性がある場所と、元請け的な立場の会社の組み合わせをインターネットを使って検索を進めると、ついにピッタリする会社が見つかった。建設現場も関係者の表現と符合する。「ビンゴ！」

その朝、職員登庁を待ち、保健所長に伝え、この想定で関係先と当たってみれば話が前に進むのではないか、と話した。併せて、その見立てどおりなら関連する他部局の県庁幹部に電話をし、本件事業を調べ保健所と共有し、クラスターから感染が拡大しないように、先方等へ働きかける方途を至急検討するよう、お願いした。果たせるかな、この後事態は動き始めた。

その日、クラスター対策監等がクラスター発生施設へ実地調査に入った。案の定、衛生状態は十分とは言えないとの結論であった。そこで、陰性だった共同生活者の方々を、本来は陽性者用の療養施設として確保していたホテルに全員移ってもらって、健康観察を続けてもらってはどうか、と話し合った。今の宿舎は条例にしたがい閉鎖となった。

新型コロナ対策で度々協議していた橋本岳厚労副大臣にお電話した。

「鳥取県でもとうとう初めてのクラスターが出ました。条例を使って早く収めたいと思うのですが、陰性者がとどまる宿舎が不衛生なので、さらに感染が広がりかねません。軽症者用のホテルに入れようかと考えておりますが」

「不衛生なら、仕方ないですね」

橋本副大臣の理解を得た後、疑似症患者として全員ホテルに移送をし、健康観察を開始した。すると恐れていたとおり、ホテルに入った人のうち一人が発症し、再度ＰＣＲ検査をした結果陽性となった。結果論としては、ホテルへ移ってもらったので、二次感染を防ぐことができたわけで、大正解だったことになる。

このような修羅場をくぐり抜けながら、その後の関係者の陽性判定も含め、合計十三名が感染したクラスターとなった。この間、建設工事に関係する皆さんの協力を取り付け、ローラー作戦でのＰＣＲ検査を行って周りをかためてしまい、それ以上に街中などへ拡大するこ

宿舎クラスター

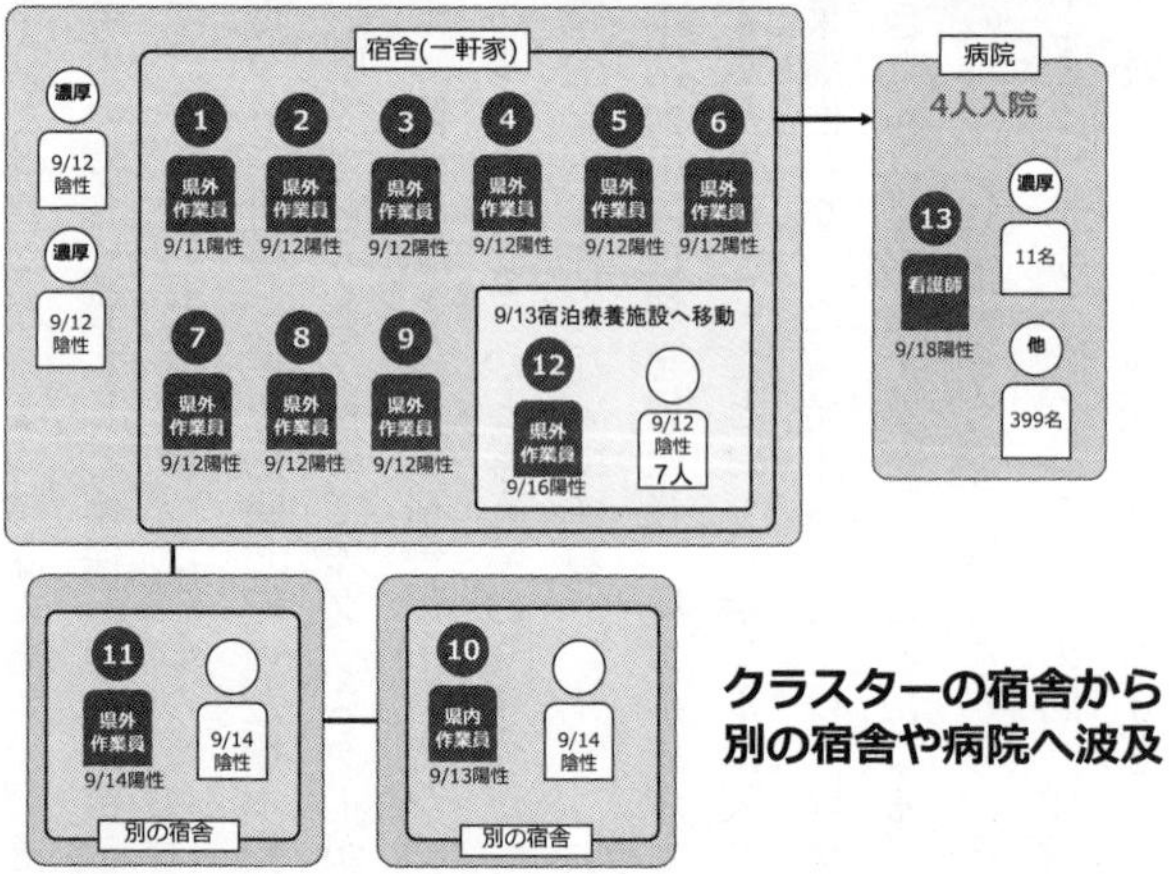

■宿舎クラスター関連の陽性者数とPCR等検査件数

	9/11	9/12	9/13	9/14	9/15	9/16	9/17
陽性者数	1	8	1	1	0	1	0
PCR等検査件数	0	38	21	91	16	29	6

	9/18	9/19	9/20	9/21	9/22	合 計
陽性者数	1	0	0	0	0	13
PCR等検査件数	43	62	231	131	0	668

となく、十日間ほどで「クラスターを閉じる」ことができた。

辛うじてクラスター対策条例が間に合った。条例があったことで、施設の閉鎖の交渉を行う後ろ盾となり、速やかに施設へ立ち入った者の全員を把握できたことが、本県初めてのクラスターを迎え撃つうえで、力を発揮したといえよう。

最初の修羅場は何とか越えた。

＊　＊　＊

その後の第三波は、本県内の感染状況は、全く様相を異にしていった。正直、第一波・第二波とは比較にならないくらい、怒濤のような厳しい「修羅場」であり、全国も一変した。

特に年末年始はすさまじく、昨年末に本県二例目のクラスターが飲食店で発生し、これが年明けに近所の飲食店での二次的クラスターも起こすなど、合計三十九名に及ぶ感染となった。感染の連鎖もつながり、五次感染まで進んだと分析している。

これらの飲食店が中心となったクラスターでは、実に五百件近くのＰＣＲ検査を展開した。手早く感染ルートを追いながら、ローラー作戦でＰＣＲ検査を展開すれば、何とか感染の波に追いつく時が来る。それが年明けで、その後はすでに幅広に対処している範囲内での陽性

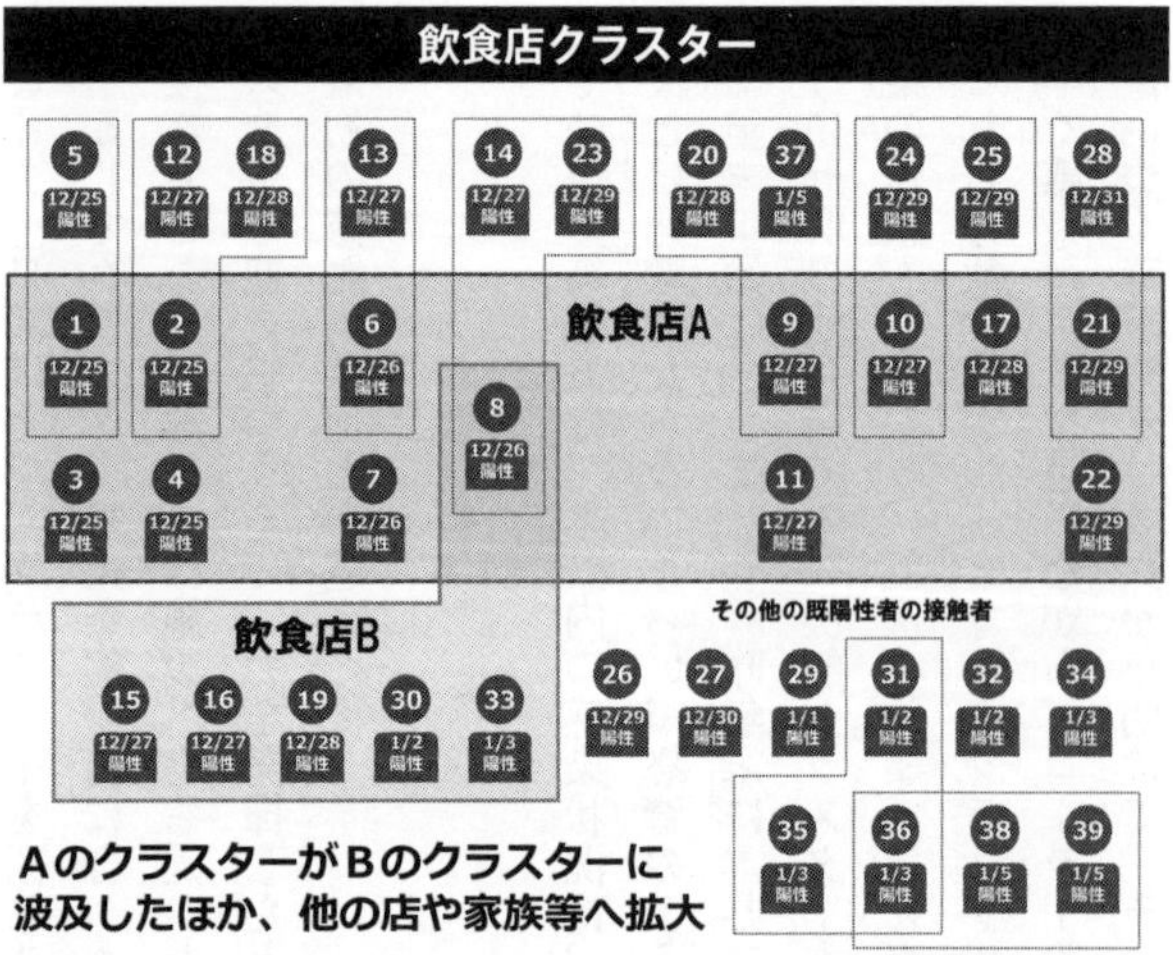

■境港市飲食店クラスター関連の陽性者数とPCR等検査件数

	12/25	12/26	12/27	12/28	12/29	12/30	12/31	1/1
陽性者数	5	3	8	4	6	1	1	1
PCR等検査件数	11	39	36	90	57	79	17	19

	1/2	1/3	1/4	1/5	1/6	1/7	1/8	1/9	合 計
陽性者数	3	4	0	3	0	0	0	0	39
PCR等検査件数	17	38	53	10	14	3	3	3	489

発生になってきた。こういう状態になれば、大きなクラスターだったが、閉じるメドをつけられる。そこに至るまでの過程は、職員も私も疲れが抜けない時期となる。

大都市等では、このように感染拡大を囲い込んで封じ込めることができず、市中感染を招いているのではないか。「鳥取方式」で素早く「ＰＣＲ＋入院」を展開したので可能となった「芸当」なのかもしれない。今はウイルスの回りが恐ろしく速いので、スピード対処がキモだ。


さらに年末には保育所で、年初には高齢者施設で、本県としては初めてのクラスターも発生した。特に高齢者施設は、様々な事情を抱え、症状の重い方、相当程度ご高齢の方も多くおられ、命に関わり得るので、今後の対策への重たい教訓としなければならない。

同じ頃、全国では、年明けに大都市部等での緊急事態宣言に発展した。そういう地域を中心として、保健所機能や病院受け入れに支障を来すようになっていった。

しかしここで負けるわけにはいかない。鳥取県は県民の命と健康を守るためには妥協せずにやっていこうと、職員や病院、市町村をはじめ、歯を食いしばって感染を追い、入院治療を受け入れている。全国の他地域では、入院制限や保健所機能縮小の流れが強まっても、「鳥取方式」など独自の戦略で闘い、これまで蓄えた備えを生かし、健康と命を最優先する。

仲間の知事たちと年末年始に情報共有を図ると、皆一様に、今暴れ回っている第三波はこれまでよりも格段に感染力が強いのではないか、と話す。以前そんなに感染しなかった小さな子にもうつる、何人かでとどまった家庭内感染が今は一家全員も、ウチの県は事業所内ほぼ皆感染、と報告が飛び交った。これはウイルス自体の問題なのか、気候が影響するのか、人の動きが年末年始変わったからか、私たちには検証できないことだが、「ウツリやすくなっている」という状況は前提とした方がいい。大都市も地方も危険度が増してきたのでは。だから、年末からは、県民の皆様に「今はウツリやすくなっています」「注意のレベルを上げましょう」「親しき仲にもマスクあり」など、従来よりも強力にアピールしたのだ。

後に判明したのだが、ウイルスの遺伝子解析をした結果、本県で年末年始に感染者急増や重症患者をひき起こした三つのクラスターや別の集団的感染のみ、なぜかほぼ同じタイプだった。イギリス型など変異株が話題となっているが、ウイルスは常に変異するのでそれ以外に警戒すべき株があるのかもしれない。これらはいずれも県外から来た株と考えられ、第一波・第二波とは異なるタイプが年末年始の感染急増に影響したのだろうか。

前はこの対策で収まったからと考えても、敵が手ごわくなっていたら通用しない。要するに感染拡大状況を見て、対策レベルを機動的に上げることが、肝要なのではなかろうか。

本県では、年末年始の感染拡大を踏まえ、病床確保の数をさらに増やし、社会福祉施設の防御レベルを上げるように促し、実地指導や支援を行うなど、新型コロナウイルスがパワーアップしてもみんなで立ち向かえるように、体制を格段に強化することとした。新型コロナの恐ろしいのは、ご高齢の方々や基礎疾患のある方々が感染した場合重症化しやすく、他の疾患や体調と組み合わさり命に関わるようなケースがどうしても避けられないことだ。その中で、敵のウイルスもパワーアップしているとしたら、それを乗り越えるような対策に、全国に先駆けてでも小回りを生かして挑戦すべきであろう。

そういう観点から、年明け以降の記者会見で、新たな緊急対策を矢継ぎ早に打ち出した。

一つは、高齢者施設等からの「緊急通報制度」だ。当初の想定と異なりインフルエンザは流行しておらず、施設内で体調不良が見られれば新型コロナを疑うべきだ。こういう際は県に緊急通報していただき、即座にPCR検査を実施することとした。併せて、一人でも陽性者が出た施設には、「高齢者施設感染発生即応チーム」を派遣することに決めた。

また、これまでの調査研究に基づき、県専門家チームの鳥取大学医学部景山誠二先生にご協力いただき、県の「戦略的サーベイランス（監視調査）」で感染力が強いと思われる変異株等のウイルスが感染を広げていると疑われるときは、データ分析に基づいて独自に「新型コロナ感染増大警戒情報」を出し、一層の予防を県民や事業所に呼びかけるとともに、これも参考にし、感染拡大を予防的に防御するため、重点的なPCR検査や指導を行うこととした。

加えて、福祉施設や飲食店など、年末年始にクラスターが発生した業態を中心に、ガイドラインの見直しや専門家による緊急の実地点検・巡回指導を行い、衛生対策設備の整備等をランクアップするための緊急助成を実施した。更に、感染対策をキチンとやっている飲食店等には、一律十万円の「応援金」を支給する。やれることは、すべてやろう。

併せて、今後の爆発的感染に備え、保健所組織を拡大するほか、市町村長や関係当局にお願いして、保健師を県の保健所に派遣してもらい、機能の充実強化を図ることとした。一部の大都市のような保健所機能縮小は、感染拡大に歯止めがかからなくなるおそれがあり、鳥取県は独自にでも保健所機能を確保しようと考えた。命と健康を本気で守りたいからだ。

そして、ワクチン。円滑に優先接種から順次住民にワクチン接種するためには、市町村や医師会などと県が協力して進める体制が必要だ。そのため、「新型コロナウイルスワクチン接種体制協議会」を二月四日に設けるなど、厳しさを増す新型コロナに立ち向かうべく、医療界、市町村、県の協働連携により、ワクチン接種にワンチームで取り組んでいるところだ。

高齢化が進み、医療資源が大都市のように充実しているとは言えない鳥取県。悪条件が重なっているように見えるが、やる前から諦めてはダメだ。小さい県だからこそ、皆で心ひとつに大きなことにぶつかっていく、求心力が武器になるのではないか。現に第一波も第二波も、今の第三波を経ても、私たちは全国で最も感染を食い止めた。それは偶然ではなく、周到に準備を重ね、常に情報を共有し、「鳥取力」で戦略的にコトにあたってきた結果だ。

ワクチンが行き渡るまで、あと数カ月。その頃には治療法も確立されてくるかもしれない。それまでは、小回りを生かし県民の絆を生かす「鳥取力」で、感染を抑え経済も回していく。

今はお金や手間を惜しむ時ではない。「命」を惜しむ時だ。

小さい県であっても、鳥取県には、守らなければならない五十五万人の県民がいる。

「咳をしても一人」

自由律の俳人である尾崎放哉《おざきほうさい》は、鳥取市出身で県庁近くの興禅寺境内にお墓がある。その心情を吐露した有名な句だ。肺の病気に苦しむ放哉が、人生の終焉にさしかかった頃に詠んだものだ。地域が包み込み守らないと、患者は孤独の中で苦しむ。最近は、大都市部等で医療が施されないまま命を落とされる新型コロナ患者のいたましい例まで、報じられるようになってしまった。

本日二月十二日筆をおくが、緊急事態宣言は十都道府県で続くなど未だ予断を許さない。新型コロナとの厳しい闘いはまだまだ続く。

鳥取県では、咳をしても「一人」にはさせない。そういう「孤独」は絶対につくるまい。

あとがき――丈夫《ますらを》は名をし立つべし

私は、かつての自治省（現在の総務省）で社会人としてのスタートを切った。役所に入らなければ知事にはおそらくなっていないと思うが、そもそも私は公務員になるつもりはなかったのだ。

人生というものは、「物の弾み」で転がることがある。

法学部だったので、何となく弁護士の父の跡を継ごうと司法試験へのチャレンジを考えていた。ただ、周りは国家公務員志望が多かった。公務員試験は受験料が無料だし、自分の大学が会場なので便利。だから「模試」のつもりで受けてみた。そうしたら合格してしまった。

でもそのときは、役所に入ることはまったく考えておらず、一次試験合格後も霞が関には足を向けず家で勉強していたが、友だちから電話でけなされた。

「お前馬鹿だな。せっかく受かったんだから、役所くらい回ってみろよ。面白いぞ」

中央省庁の採用は、一次試験後に官庁回りをして、先輩方のお話を聞き、気が合えば採用してもらえるというシステムだった。でも熱心にいくつもの省庁を回る気にはなれなかった。着慣れない背広は、真夏には暑すぎたので。一九八一年の国際アビリンピックで赤十字の国際ボランティアをしていたことから、人の役に立つ手応えがあるか知りたかったが、自治省の先輩方と会って話をしていくうちに、地方に身を置き、現場の住民の皆さまが喜ぶような政策ができると、色々なケースをあげながら具体的に教えてくれたことに、興味を抱いた。大した活動はしていなかったが、なぜか内定をもらったので、自治省に入ってしまったという次第。それから現場でもまれ、鳥取県でも心熱い同志と出会い、今の仕事をしている。

だから、私の人生は弾みなのだ。

自治省から最初に赴任したのが兵庫県庁だったが、若いみぎりで色々な仕事に新米県職員として挑戦した。「自分が心を開かないと、相手も心を開かない」、という人生のツボを県庁の先輩方から教えられ、みんなとカラオケに行って騒ぐことが、結構「大切なこと」だと体感した。仕事の傍ら、神戸市が開設した手話ボランティアスクールで手話を学び、聴覚障がいの方々との出会いがあった。そのご家族のお店で小さなスナックだったと思うが、母親みたいな年齢のママさんがいて、私に向かって「お金ないやろ」と言って（実際なかったのだが）、シメにお手製カレーライスをご馳走してくれ、いつも五百円だけ取るという、今では信じがたい「とても良心的」なお店にも通ったものだ。

兵庫県庁で二年が経つ頃、東京に帰ることとなった。異動を聞きつけた職場の人が、

「平井ちゃん、いったい何時の新幹線で帰るんや」

と聞くので、列車の時刻を伝えた。

東京に帰る日、新神戸駅のホームに着いて驚いた。ホームの中ほどに人だかりができている。近づいていくと、職場の同僚が見送りに来てくれていたのだ。よくみるとあのママさんもいる。聴覚障がい者の姿があり、胸が詰まった。彼らは電話で話せないから、誰かが手話で教えたはず。ありがたい。

いつも腹を空かせていたからだろう。餞別代わりに、それぞれ弁当をくれた。新幹線に乗る頃、弁当が五つぐらいになった。涙もろいのが弱み。みんなの顔がぼやけてくる。

「人の役に立つようにと、この仕事をしてよかった」

まだ二十四歳で純情だった。

自分なりに一生懸命真心こめて仕事をしていると、必ず相手に響く瞬間というのがある。

もちろん、厳しいことも辛いこともあるけれど、人が喜ぶ姿が何よりの報酬だ。

奇異に思われるかもしれないが、私は「政治家」を目指してない。「何者かになる」ため「選挙」に全力を傾けることに、正直興味がわかない。県民の望むことを少しずつでも実現する「デモクラシーの道具」であり、世の中のため「何かをする」ことに人生を賭ける「実務家」でありたい。特に新型コロナとの闘いが大切な今は、なすべきことを賢くこなせる「職人」でありたい。歴史が進むための捨て石で結構だ。それでも一昨年の知事選は、得票率九十二・三パーセントで、統一地方選挙だけみても全国一高かった。得票は仕事の結果次第だ。

立場は変わっても、自分の思いは変わらないものだ。

「鳥取が全国で初めて」や「全国一」を増やしてきた。手話言語条例、和牛保護振興条例、星空保全条例、新型コロナのクラスター対策条例。また中山間地の保育料無償化、高校卒業までの医療費支援など。小さくたって関係ない。むしろ小さいから志一つでできる。鳥取県でやってみせることで世の中も変わる。手話言語条例がまさにそうで、全国に広がった。

遠慮はいらない。「正しい」と思ったことをやればいい。万難を排して実現すればいい。

この鳥取県の地では、かつて「伯耆安綱」が「古伯耆」など日本刀の原型を創った。刀は研ぎすまされ、小さな刃先であるほど、大きな力を集中させ、何であれ切り裂いていく。

それは社会の仕組みにも当てはまるのではないか。小さな自治体が刃先となり、渾身《こんしん》の力をこめてチャレンジし、世の先端を切り開く。それによって、大都市部も含めて国全体を変え、世の中を変える力になるのではないか。新型コロナとの闘いもそうだ。

残念ながら、新型コロナの「終息」は未だ見通せない。愚直であっても、「命と健康」を守りたい。今日二月十二日、鳥取県の新型コロナ感染者数は累計二百七人で全国最少を守る。

今も病魔と闘う陽性者や医療従事者等、ご協力いただいている県民、事業者、市町村、保健所などすべての皆様に、心より感謝の誠を捧げたい。

拙著をしたためるにあたっては、コロナ禍の真只中にもかかわらず、松田陽三代表取締役社長、永井草二編集委員、鳥取ご出身の森本広美営業局長をはじめ、中央公論新社・関係者の皆様から、ひとかたならぬお力添えをいただいたことに感謝申し上げる。

大伴家持や山上憶良は、それぞれ鳥取県東部の因幡国、鳥取県中・西部の伯耆国で国守を務めた。いわば私のはるか昔の大先輩にあたる。この二人はお互いをよく知る間柄だった。

「士《おのこ》やも空しかるべき萬代《よろずよ》に語り継ぐべき名は立てずして」

長く病の床に就いていた山上憶良は、自らの死期を悟り、時代を経ても語り継がれる名を立てないままに、死にゆくのではないか、と痛惜の念を口ずさんだ。

この歌は、親しかった大伴家持の悲嘆を掻き立てた。憶良に和して、家持は歌う。

「丈夫《ますらを》は名をし立つべし後の代に聞き継ぐ人も語り継ぐがね」

立派な男子たる者であれば、やるべき仕事をやり遂げて、後の世までその名は語り継がれていくでしょう。心配なさらないでください、憶良さん。

家持は、そのように天国の憶良に声をかけ、自らを奮い立たせたのではないか。

ベストを尽くせ——。

人口最少かもしれないが、鳥取県にだって魅力はあるし、良き人々がいる。私が頑張ったところで、大都市の自治体のように全国の方々の目に触れることは余りないかもしれない。しかし、県民の命や人生の重みは、同じ人間である以上、他の地域と同じように大切なもの。鳥取県にいたから不利になるなんてことにだけは、絶対したくない。新型コロナからだって自分たちで守ってやるぞ。未来も自分たちで創る。それが存外うまくいけば、むしろ手本になって日本も変わる。小さいからこそ、実験的な挑戦の場にだってなるはずだ。

今この時も、家持や憶良が見守ってくれている。いや、見張っているかもな。名が残るかなんて、私が決めることではない。ただ、やるべきことをやるだけだ。

小さいから、大きくないから、力は足りないかもしれない。でも……。

小さくたって、知恵と意地と実行で大勝負だ。

大山星空で遊ぶツアー

ラクレとは…la clef=フランス語で「鍵」の意味です。
情報が氾濫するいま、時代を読み解き指針を示す
「知識の鍵」を提供します。

中公新書ラクレ
724

鳥取力《とっとりりょく》

新型《しんがた》コロナに挑《いど》む小《ちい》さな県《けん》の奮闘《ふんとう》

2021年3月25日発行

著者……平井伸治《ひらいしんじ》

発行者……松田陽三
発行所……中央公論新社
〒100-8152 東京都千代田区大手町1-7-1
電話……販売 03-5299-1730　編集 03-5299-1870
URL http://www.chuko.co.jp/

本文印刷……三晃印刷
カバー印刷……大熊整美堂
製本……小泉製本

Published by CHUOKORON-SHINSHA, INC.
Printed in Japan　ISBN978-4-12-150724-2　C1231

中公新書ラクレ　好評既刊

L563
小さくても勝てる
――「砂丘の国」のポジティブ戦略

平井伸治 著

小さい県の改革がニッポンを変える。コンパクトな県だからこそ発揮できる地域再生とは何か？　地域のポテンシャルを引き出し、産業の活性化、観光の振興を目指す山陰の鳥取県。漫画、アニメとのジョイントでクールジャパンを展開。企業誘致や移住も率先して推進する新しい地域再生の試みを具体的な案件から探る一冊。日本一人口が少ない小さな県が実践する〝鳥取型民主主義〟とは何か？　地方から国を変えた地方創生の〝原点〟を公開。

L650
観光亡国論

アレックス・カー＋清野由美 著

右肩上がりで増加する訪日外国人観光客。京都を初めとする観光地へキャパシティを超えた観光客が殺到したことで、交通や景観、住民環境などで多くのトラブルが生まれた状況を前に、東洋文化研究家のアレックス・カー氏は「かつての工業公害と同じ」と主張する。本書はその指摘を起点に世界の事例を盛り込み、ジャーナリスト・清野氏とともに建設的な施策を検討していく一冊。真の観光立国となるべく、目の前の観光公害を乗り越えよ！

L683
地域と繫がる大学
――神戸学院大学の挑戦

佐藤雅美 著

大学は震災で何を学んだか？　一九九五年（平成七年）阪神・淡路大震災で関西地区は大きく壊滅した。震源地に一番近い大学として神戸学院大学は「社会との絆」「いのちの大切さ」を教育の指針に置き、地域コミュニティの復興に尽力した唯一の大学となった。その後、大学、産業界、自治体、地域との連携に成功。本書では、防災、ボランティアなど地域での取り組みなど具体的事例を紹介。日本の大学教育の目指す新しい方向性を問う提言書である。